Franz von Holtzendorff

Die Auslieferung der Verbrecher und das Asylrecht

Franz von Holtzendorff

Die Auslieferung der Verbrecher und das Asylrecht

ISBN/EAN: 9783744633369

Hergestellt in Europa, USA, Kanada, Australien, Japan

Cover: Foto ©Suzi / pixelio.de

Weitere Bücher finden Sie auf **www.hansebooks.com**

Die

Auslieferung der Verbrecher

und

das Asylrecht.

Von

Franz v. Holtzendorff.

Berlin SW., 1881.

Verlag von Carl Habel.
(C. F. Lüderitz'sche Verlagsbuchhandlung.)
33. Wilhelm-Straße 33.

I.

Nicht selten geschieht es, daß wir uns über die zeitlichen Entfernungen, welche die Entstehungszeit gewisser Rechtseinrichtungen von der Gegenwart scheiden, ebenso täuschen, wie über die Abschätzung der räumlichen Abstände, die zwischen der Spitze eines hohen Berges und einem Punkte im Tieflande liegen. Je nach der Beschaffenheit und Feuchtigkeit der Atmosphäre scheinen uns Gebirge an gewissen Tagen näher, an anderen Tagen ferner zu liegen.

Ebenso verhält es sich mit wichtigen Thatsachen der menschlichen Kulturgeschichte. Zuweilen scheinen sie nach ihrer Entstehung der neueren Zeit, zuweilen dem Alterthume anzugehören. Oft genug streiten Sachverständige darüber, was als antik, was als modern oder als mittelalterlich seinem Ursprunge nach in Anspruch zu nehmen ist.

Gewisse Staatseinrichtungen der Gegenwart scheinen uns auf den ersten Blick so natürlich, daß wir uns kaum vorstellen, es könnte jemals anders gewesen sein, bis wir zu unserer Ueberraschung erfahren, daß es die neuere Zeit war, der sie ihre Entstehung verdanken. Andere Einrichtungen, die uns modern scheinen, werden von gelehrten Forschern in eine entlegene Vergangenheit zurückverlegt, wenn es darauf ankommt, deren erste Spuren nachzuweisen.

Die Auslieferung flüchtiger Verbrecher ist bald als eine uralte, bald als eine moderne Gestaltung des Rechtslebens angesehen worden. Für beide Auffassungen lassen sich Rechtfertigungsgründe beibringen.

Schon im griechischen und römischen Alterthum finden sich Beispiele dafür, daß die Auslieferung flüchtiger Uebelthäter oder gefährlicher Feinde gelegentlich von einzelnen Staaten verlangt und von andern Staaten zugestanden wurde. Aber solche Beispiele erscheinen doch immer nur als Merkwürdigkeiten und Gelegenheitszufälle. Sie beweisen ebensowenig, wie die Behauptung, daß ägyptische Priester Tempelthüren durch unsichtbare Dampfkraft öffneten, gegen die modernen Ansprüche auf Erfindung der Dampfmaschine verwerthet werden kann.

Das Auslieferungswesen als stehende Einrichtung der Strafrechtspflege und als regelmäßiger Akt internationaler Rechtshülfe ist durchaus modern; denn es ist nicht viel älter, als ein Jahrhundert.

Daß auswärtige Staaten irgendwie ein Recht haben sollten, flüchtig gewordene Verbrecher, zum Zwecke der Bestrafung von uns zurückzuverlangen, leuchtete den Juristen noch vor dreihundert Jahren keineswegs ein.

Eine Reihe von kulturgeschichtlichen Thatsachen mußte sich vollendet haben, ehe es allgemein begreiflich wurde, daß uns der im Auslande begangene Rechtsbruch irgendwie in Mitleidenschaft ziehe, und daß wir uns bei der Auslieferung von Verbrechern von anderen Rücksichten bestimmen lassen müssen, als von denjenigen der bloßen Gefälligkeit gegen eine ausländische Regierung.

Solche das heutige Auslieferungsrecht vorbereitende Thatsachen waren:

> Die allmählige Ausgleichung des alten Gegensatzes zwischen der ehemaligen Rechtslosigkeit fremder Staaten oder fremder Staatsgenossen und der Alleinberechtigung der Einheimischen seit dem Schlusse des Mittelalters;

die seit dem XVII. Jahrhundert stetig anwachsende Auswanderung aus einem Staatsgebiet in das andere;

die Erleichterung des Personenverkehrs in Folge des Eisenbahnbaus und der Dampfschifffahrt, von der nicht nur der Handel, sondern auch das Verbrecherthum Nutzen zog;

die Vertiefung der Rechtswissenschaft, die sich seit Jahrhunderten immer mehr vom Buchstabendienst abwendete und die Principien des Rechts nicht mehr in einzelnen Gesetzgebungsakten, sondern in den letzten Gründen der Zweckmäßigkeit, Menschlichkeit und Sittlichkeit erforschte;

das Wachsthum der internationalen Gemeinschaftsinteressen unter den modernen Kulturvölkern.

Bis in die Mitte des XVIII. Jahrhunderts hemmten sich die Gerichtsgewalten nicht nur verschiedener Staaten, sondern auch von Kirche und Staat wechselseitig.

Die Kirche des Mittelalters hatte der Rohheit, der fürstlichen Gewaltthat und dem Machtmißbrauch ein wohlthätiges Asylrecht in Kirchen und Klöstern entgegengesetzt, um Flüchtlinge vor Vernichtung zu schützen. Die Kirche der späteren Jahrhunderte hielt an ihren vermeintlichen Privilegien auch dann noch fest, als eine sichere Rechtsordnung im Staate ihre eigene Entwickelungsbahn begonnen hatte. Bis um die Mitte dieses Jahrhunderts hatte der Clerus in Spanien ein kirchliches Asylrecht gegen flüchtige Verbrecher behauptet. Sogar in freien deutschen Reichsstädten war, wie Kriegk für Frankfurt a. M. nachgewiesen hat, bis an das Ende des vorigen Jahrhunderts vom Asylrechte die Rede.

Was jenseits der Landesgrenzen vorging, kümmerte ehemals grundsätzlich nicht den Richter, sondern nur Diplomaten, Feldherrn, Gelehrte oder Kaufleute.

Es ist nicht zufällig, daß das Wort „extradition" in der Rechtssprache der Diplomatie und in dem französischen Text der Staatsverträge vor dem Ende des vorigen Jahrhunderts nicht nachgewiesen werden kann. Wo in früheren Jahrhunderten Verbindungen von Staat zu Staat in Beziehung auf die Behandlung von Verbannten oder Flüchtigen getroffen worden waren, hatte man sich anderer, umschreibender Ausdrücke bedient.

Der Gebrauch des Wortes „Extradition" fällt zeitlich nahe zusammen mit der allgemein gewordenen Uebung der Auslieferung und der größeren Häufigkeit der Auslieferungsverträge, die sich seit der Mitte des vorigen Jahrhunderts von Jahrzehnt zu Jahrzehnt mehren, namentlich aber seit dem Beginn unseres Jahrhunderts, als ein unabweisbares Bedürfniß gesicherter Strafrechtspflege erkannt werden.

Eine kaum zu zählende Reihe von Schriften befaßt sich seit jener Zeit mit der Frage: ob und wie das im Auslande begangene Verbrechen bestraft werden solle?

Jener alte Dualismus zwischen geistlichem und weltlichem, zwischen gemeinem, menschlichen und national begrenztem, besonderem Recht, zieht sich, wenn schon in abgeschwächter Gestalt, auch durch das Strafrecht der neuen Zeit hindurch.

Auf der einen Seite steht das moderne Rechtsgefühl der Kulturvölker, das sich dagegen sträubt, daß schwere Verbrechen unbestraft bleiben, wenn der Verbrecher nach gelungener Missethat irgendwo deren Früchte unbehelligt im Auslande genießt.

Auf der anderen Seite die Aufgabe des Staates, zunächst für seine eigenen Bedürfnisse, und den eigenen Rechtsschutz zu sorgen, indem er überall diejenigen Verbrechen in's Auge faßt, die auf seinem eigenen Gebiete verübt werden und es den Nachbarstaaten überläßt, für ihre eigene Rechtssicherheit durch ausreichende Anstalten der Strafrechtspflege zu sorgen.

Diese beiden Richtungen der kosmopolitischen Rechtsinteressen und der nationalen Gesetzgebungsaufgaben durchkreuzen sich in neuerer Zeit sogar häufiger denn je.

Die einfachste Lösung des Confliktes schiene die zu sein, daß in Fällen von besonderer Schwere jeder Kulturstaat, ohne nach dem Orte der That zu fragen, die an irgend einem Punkte der Erdoberfläche auch von einem Ausländer begangenen Verbrechen, zur Bestrafung brächte. Robert von Mohl und einige anderen Rechtslehrer von hervorragender Bedeutung haben in der That diese Forderung erhoben. Durch den Strafakt soll der Staat nach ihrer Ansicht eine menschheitliche Aufgabe der Gerechtigkeit erfüllen. Das Verbrechen gilt in ihren Augen als Störung einer allgemeinen Weltrechtsordnung, nicht nur einer bestimmten Gesetzesvorschrift einzelner Staaten.

Gegen diese Auffassung des großen Publizisten sträubt sich aber bis zum gegenwärtigen Augenblicke Rechtsüberlieferung und Rechtswissenschaft in der Mehrzahl der civilisirten Staaten. Noch halten die meisten Gesetzgebungen, vornehmlich diejenigen von England und Nordamerika, an dem Grundsatze fest, daß das Verbrechen nicht blos eine Verletzung sittlicher Forderungen bedeute, sondern den Bruch eines bestimmten Strafgesetzparagraphen darstelle, daß Gesetze nur für den Unterthanen des Staates oder in dem in unserem Gebiete weilenden Ausländer verpflichtend sind, daß die Macht unserer Gesetze also an der Staatsgrenze aufhöre.

Die Folge dieses Rechtszustandes ist somit eine doppelte:

Die Grenze unserer Macht ist der Regel nach auch die Grenze unseres Rechtes.

Wir können durch Staatsanwaltschaft und Kriminalpolizei Niemand verfolgen, der die belgische oder französische Grenze überschritt, nachdem er in Deutschland ein Verbrechen beging und wären folglich unberechtigt und außer Stande gewesen, einen Mörder wie Thomas auf englischem Boden zu ergreifen.

Und andererseits: Wenn ein amerikanischer Mörder nach einem in Paris verübten Morde nach Deutschland entkäme, würde er vor einem deutschen Gerichtshof nicht bestraft werden können, weil, von einigen Ausnahmen abgesehen, deutsche Strafgesetze den Ausländer im Auslande nicht zum Gehorsam verpflichten.

Dieser Widerspruch zwischen dem menschheitlichen Rechtsinteresse, das die Bestrafung schwerer Verbrechen fordert und der nationalen Strafgesetzgebung, welche die Bestrafung der im Auslande von Ausländern begangenen Verbrechen der Regel nach übersieht, kann nur durch Auslieferung gelöst werden, das heißt durch ein internationales Uebereinkommen zwischen zwei Staaten, zum Zwecke einer strafrechtlichen Prozedur gegen solche Personen, die sich durch Flucht der zuständigen Gerichtsbarkeit entzogen haben, sei es daß sie vor der Einleitung einer Untersuchung, sei es, daß sie vor, sei es daß sie nach erfolgter Verurtheilung das Gebiet eines fremden Staates betreten.

Daß alle civilisirten Staaten heut zu Tage ein gemeinsames Interesse daran haben, schwere Verbrechen bestraft zu sehen, ohne Rücksicht darauf, ob sie im Inlande oder im Auslande begangen wurden, leuchtet allgemein auch dem Nichtjuristen ein. Denn Aussicht auf Straflosigkeit ist ein wirksames Motiv des Verbrechens, das um so mächtiger und bedeutsamer wird, je leichter es heute erscheint, die Grenze eines fremden Staates zu erreichen.

Diesem anerkannten Interesse an hinreichender Bestrafung, auch des im Auslande begangenen Verbrechens, entspricht aber heut zu Tage keine feste und sichere Forderung der Theorie.

Noch immer ist der alte Streit, ob die Staaten der modernen Kulturwelt einander schlechthin wechselseitig auch ohne vertragsmäßige Vereinbarung zur Auslieferung verpflichtet sind, auf dem alten Standpunkt verblieben, den er vor hundert Jahren erreicht hatte.

Unter solchen Umständen bleibt nichts anderes übrig, als, daß unter Verzichtleistung auf ein **allgemeines Auslieferungsrecht** unter sämmtlichen Staaten, die einzelnen Staaten sich durch besondere Verträge unter einander verständigen, welche Klassen von Personen ausgeliefert werden sollen und in welchen Verbrechensfällen einem Auslieferungsgesuche fremder Staaten Statt gegeben werden soll?

Trotz aller Verschiedenheiten im Einzelnen, lassen sich aber doch bereits heute nach einer kaum hundertjährigen Vertragsschließungspraxis, in den Auslieferungsverträgen, deren Zahl in die Hunderte geht, gewisse Richtungen, Regeln und Grundsätze erkennen.

Solche Regeln gelten sowohl in der **negativen** Richtung der Nichtberechtigung eines Auslieferungsbegehrens, als in der **positiven** Richtung der anerkannten Verpflichtung der Staaten zur Auslieferung an eine fremde Staatsregierung.

Wo die Auslieferungspflicht nach der gegenwärtigen Staatspraxis verneint wird, da fehlt, wenigstens nach den jetzt gangbaren Vorstellungen, jenes allgemein menschheitliche Interesse, an der Bestrafung des Missethäters. Oder der Staat, der um Auslieferung angegangen wird, könnte möglicherweise in Widerspruch zu seiner eigenen Rechtsordnung versetzt werden. Sich selbst zum Vortheil einer auswärtigen Macht zu beschädigen, kann ein Staat niemals gehalten sein. So lange man in früheren Jahrhunderten, vom Standpunkt kurzsichtiger Interessenpolitik ausgehend, glaubte, daß des Nachbars Schädigung gleichbedeutend sei mit dem eigenen Staatsvortheil, konnte das Auslieferungsrecht nicht gedeihen. Von dieser dem Nachbarstaat feindlichen Anschauung ist in der Gegenwart nur so viel übrig geblieben, daß zu Kriegszeiten Auslieferungsverträge, die vor dem Ausbruch des Krieges unter den kriegführenden Staaten abgeschlossen wurden, wenn nicht geradezu als aufgehoben, doch als in ihrer Wirksamkeit unterbrochen angesehen werden müssen. Aber auch hier ist denkbar, daß in Zukunft selbst unter kriegführenden Mächten ein gemeinsames Interesse an der Aufrechterhaltung der öffentlichen Ordnung gegen gefährliche Verbrecher bethätigt werde.

II.

Betrachten wir zunächst die negative Seite, das heißt diejenigen Verhältnisse, in denen Auslieferung von Rechtswegen nicht beansprucht werden soll und nicht gewährt zu werden braucht.

Die erste Regel, welche auch im Deutschen Strafgesetzbuch ihren Ausdruck gefunden hat, ist die, daß eigene Unterthanen an eine ausländische Regierung wegen ihrer in der Fremde begangenen Missethaten nicht ausgeliefert werden sollen.

Der praktische Erfolg dieser Weigerung ist also entweder Straflosigkeit des Rechtsflüchtigen, wenn seine im Auslande begangne Missethat nach unsren deutschen Gesetzen mit Strafe nicht bedroht war, oder eine gerichtliche Prozedur vor unsren eigenen Gerichten, wenn nämlich auch nach unseren heimischen Gesetzen die im Auslande begangene Missethat strafbar ist und die Staatsanwaltschaft im einzelnen Falle ein Einschreiten angemessen findet, oder endlich, wenn ausnahmsweise die im Auslande begangene Missethat, wie etwa Hochverrath, unser Rechtsinteresse unbedingt schädigt und aus diesem Grunde ohne Berücksichtigung des ausländischen Strafrechts mit Strafe von uns bedroht wird. Wird der Angeklagte Deutsche, bei uns verurtheilt, so trifft ihn wahrscheinlich in der Mehrzahl der Fälle eine mildere Strafe, als ihm im Auslande auferlegt worden wäre.

Es liegt in der Natur der menschlichen Verhältnisse, daß das einem Ausländer zumal im Auslande zugefügte Unrecht oft genug weniger schwer empfunden wird, als das inländische Verbrechen.

Sprachen nicht sogar französische Schwurgerichte während der Occupationsperiode nach 1871 unter dem überwältigenden Eindrucke ihrer tief erregten Stimmung Angeklagte frei, welche überführt waren und eingestanden hatten, ohne irgend welche Provokation deutsche Soldaten in Frankreich ermordet zu haben?

Der Patriotismus, der, vom Standpunkt des inneren Staatslebens aus betrachtet, als eine hohe Tugend erscheint, ist, auf das Ausland bezogen, selten trennbar von gewissen Bestandtheilen der Selbstüberhebung und Parteilichkeit. Auch die Justizpflege hat ihren Antheil an den Tugenden und Fehlern des ächten oder falschen Patriotismus.

Man glaubt oft ohne Weiteres, daß die Gesetze des Auslandes viel unvollkommener, die Staatsanwaltschaft in fremden Ländern viel abhängiger, die Gerichte befangener, das Recht des Fremden viel unsicherer sei als bei uns. Und ebenso glaubt man in Gemäßheit dieser alten Ueberlieferung, daß auch unsere Strafanstalten viel angenehmer für unsere Delinquenten sind, als diejenigen des Auslandes.

Daher kommt es, daß jeder Staat in Beziehung auf die

ausländische Rechtspflege ein stilles Mißtrauen hegt, das abscheulich genannt werden würde, wenn es von irgend Jemand gegen die eigenen Landesgerichte geäußert würde.

Mißtrauisch gegen die Justiz des Auslandes, kleidet sich der Patriotismus des Strafgesetzgebers nicht selten in die Formel der Nationalwürde. Man redet sich vielfach ein, daß es der nationalen Würde zuwider läuft, einen zu uns entkommenen, verbrecherischen Landesgenossen an fremdländische Gerichte zu verweisen.

Als unhaltbarer Wahn erscheint jedenfalls die Meinung, daß alle Gesetze und Gerichte in allen ausländischen Kulturstaaten schlechter beschaffen sein müssen, als gerade in denjenigen Ländern, von denen die Auslieferung eigener Unterthanen grundsätzlich verweigert wird.

Die beiden Völker, in denen das Nationalgefühl den höchsten Gipfel des Erreichbaren erstieg — Römer und Engländer, haben anders gedacht. England hat sich dem Einfluß continentaler Theorien in neuer Zeit nicht völlig zu entziehen vermocht. Aber auch heute bewilligen Englische Auslieferungsverträge die Ueberweisung an eine fremde Justiz. Allgemein bekannt ist der Fall Tourville, in welchem der Angeklagte, obwohl er naturalisirter englischer Unterthan war, ausgeliefert und von dem Bozener Schwurgerichte wegen Gattenmordes zum Tode verurtheilt wurde.

Das oberste Interesse des modernen Staates ist, daß die von seinen Unterthanen im Ausland begangenen schweren Verbrechen gerecht bestraft werden. Will er aus dem Grunde und in der Meinung, daß die Gerichte des Auslandes überall schlechter seien, als die eignen, die Auslieferung versagen, so wäre dies unzweifelhaft eine Annahme beleidigenden Charakters.

Und was käme außerdem noch in Betracht? Vielleicht das

Interesse des Angeklagten, möglichst zahlreiche Chancen der Freisprechungen vor sich zu sehen oder eine möglichst geringe Strafe im Falle der Verurtheilung sich zuzuziehen.

Versetzen wir uns einen Augenblick auf den Standpunkt eines Deutschen, der wegen einer im Auslande, etwa in England, begangenen Missethat, in Berlin angeklagt werden soll und nunmehr seine Chancen überblickt.

Hätte er nicht allen Anlaß, zu fragen:

„Ist es mir nicht vortheilhafter, einen englischen Privatankläger an Stelle eines kontinentalen Staatsanwalts zum Prozeßgegner zu haben?"

„Sind mir die Rechte englischer Vertheidigung und die Oeffentlichkeit einer englischen Voruntersuchung zur Wahrnehmung meiner Interessen nicht dienlicher, als der Machtapparat des französisch=deutschen Strafprozesses?"

„Würde ich in England nicht gegen Bürgschaft freigelassen werden, wo mir auf dem Kontinent mehrere Monate hindurch die Freiheit im Wege der Voruntersuchungshaft entzogen bleibt?"

„Ist die Grundrichtung, die die Auslegung der Strafgesetze in England, Belgien und Frankreich gegenwärtig innehält, der staatsbürgerlichen Freiheit und den Interessen Angeklagter nicht weitaus dienlicher, als die Strafrechtspraxis mancher deutscher Gerichtshöfe?

„Würden ausländische Richter nicht in gewissen Anklagefällen freisprechen, in denen einheimische Gerichte verurtheilen?"

Um diese Fragen in jedem einzelnen Falle richtig zu beantworten, müßte man die Strafgesetze und Prozeßeinrichtungen des Auslandes mit unsren eignen sorgfältig vergleichen. Aber gewiß läßt sich nicht behaupten, daß solche Fragen unbedingt von vornherein in allen Fällen zu Ungunsten des Auslandes zu verneinen sind.

Im Gegentheil muß anerkannt werden, daß der Englische und schottische Strafprozeß durchschnittlich den Rechten des Angeklagten günstiger erscheint, als der französische oder deutsche Strafprozeß. Und ebenso ist es unzweifelhaft, daß Englische Gerichte den Wortlaut der Strafgesetze niemals über den einem Laien faßbaren Sinn soweit gedehnt haben, wie das ehemalige Obertribunal zu Berlin. Hatte doch, wie Hélie bezeugt, der französische Cassationshof schon in älterer Zeit eine Interpretations-Maxime angenommen, deren politische Bedeutung einem staatsbürgerlichen Grundrechte des Verfassungslebens vollkommen gleich kommt, die Regel nämlich:

„Strafgesetze dürfen durch den Richter niemals anders, als nach dem allgemein erkennbaren Wortlaut ausgelegt werden."

Es entspricht weder dem allgemeinen Rechtsinteresse des Staates, noch dem Vortheil eines Angeklagten, die Auslieferung eines Unterthanen an das Ausland unbedingt und ausnahmslos zu verbieten.

Dem Rechtsinteresse des Staates wird mindestens in solchen Fällen nicht genügt, in denen nach der Natur der Verhältnisse eine wirksame Ueberführung des Schuldigen nur in der nächsten Nähe des Verbrechensortes, das heißt in dem Gerichtsstande der begangenen That (forum delicti commissi) erreicht werden kann.

Um dies zu begreifen, vergegenwärtige man sich noch einmal die wichtigsten Umstände des Prozesses von Tourville, der von einer abschüssigen Stelle der Stilfser Joch-Straße seine Ehegattin, die er zu beerben gedachte, in die Tiefe hinabgestürzt hatte und einen ihr zugestoßenen Unglücksfall vorzuspiegeln versuchte. Sein Plan wäre ihm beinahe geglückt; denn die gegen ihn eingeleitete Voruntersuchung war auf Grund der ersten ärztlichen Meinungsäußerungen eingestellt worden.

Wäre Tourville auch in England mit Sicherheit zu überführen gewesen?

Privatankläger hätten sich wegen der in diesem Falle aufwachsenden Kosten vielleicht des Einschreitens enthalten.

Höchst wesentliche Beweismittel waren nur in Tyrol, nur an Ort und Stelle, nutzbar zu machen.

Angenommen man hätte sämmtliche Belastungszeugen aus den Thälern der Ortlergruppe nach London kommen lassen, um sie vor dem Centralcriminalgerichtshof vernehmen zu können, hätte man in London die Dolmetscher zur Hand gehabt, um den Dialekt der biederen Tyroler nach allen Nüancen den Geschworenen verständlich zu machen?

Und angenommen, es wäre auch in London als nothwendig erachtet worden, an Ort und Stelle auf der Stilfser-Jochstraße durch Augenscheinseinnahme genau festzustellen, welchen Weg ein in die Tiefe theils herabgestürzter, theils herabgeschleifter Körper genommen hatte, würde jene juristische Reisegesellschaft von Richtern, Geschworenen, Anklägern und Vertheidigern die Mittel gefunden haben, um sich durch unmittelbare Fragestellung an Sachverständige und Zeugen die erforderliche Aufklärung zu verschaffen?

Ich kann nicht glauben, daß das Strafrecht sein letztes Wort gesprochen hat, wenn es die unbedingte Nichtauslieferung der Staatsunterthanen billigt und damit sowohl die Verletzung höherer Rechtsinteressen der menschheitlichen Ordnung, als die mögliche Beschädigung des Angeklagten sanktionirt.

Die Auslieferung an das Ausland sollte vielmehr nur dann versagt werden, wenn zwei Bedingungen gegeben sind, d. h. wenn der inländische Staat die im Auslande begangene Missethat als eine verbrecherische im einzelnen Falle nicht anerkennt, oder wenn er die als verbrecherisch anerkannte That zwar nach seinen Prozeßgesetzen selbst verfolgen darf, gleichzeitig aber der Angeklagte gegen seine Auslieferung an das Ausland deswegen Widerspruch einlegt, weil er nach dem Prozeßgesetze des Auslandes ungünstiger stände oder die Unparteilichkeit ausländischer Richter anfechten kann.

Man darf nicht vergessen, daß der Angeklagte einen ausländischen Criminalprozeß seiner Aburtheilung im Inlande vorziehen kann. Denn unter Umständen kann es ihm im Auslande leichter sein, Vertheidigungsmittel für sich zu beschaffen, deren Vorladung vor ein inländisches Gericht erheblichen Schwierigkeiten begegnen würde.

Jener Regel der Nichtauslieferung des eigenen Unterthanen lagen bisher verschiedene Gedankenreihen zu Grunde:

Zuvörderst der Gegensatz der Strafprozeßprinzipien, insbesondere der alte Streit zwischen den Anhängern der Oeffentlichkeit und Mündlichkeit auf der einen Seite und der Heimlichkeit und Schriftlichkeit auf der anderen. Glaubte man in einem bestimmten Staat, daß eine unparteiische und gründliche Beweisführung schriftliches Verfahren erforderte, so mußte man Anstand nehmen, Unterthanen einer Prozedur mit mündlichem Verfahren zu überweisen und umgekehrt. Wo das Prinzip der Oeffentlichkeit und Mündlichkeit galt, mußte man in der Heimlichkeit ausländischen Gerichtsverfahrens mit Recht eine Gefährdung der persönlichen Freiheit erblicken.

Dazu kam alsdann instinktive Besorgniß und Eifersucht. Man fürchtete, seiner staatlichen Souveränetät Abbruch zu thun, wenn man sich auf Verlangen auswärtiger, vielleicht mächtigerer Staaten, der Verfügung über den eigenen Unterthanen entschlug.

Als endlich moderne Verfassungsurkunden seit der französischen Revolution den Staatregierungen gewisse Schranken setzten und vorschrieben, daß niemand seinem ordentlichen Richter entzogen werden solle, glaubte man folgern zu müssen, daß ausländische Richter als ordentliche Richter über fremde Staatsbürger nicht anzuerkennen seien.

Heute liegen die Verhältnisse schon wesentlich anders.

Die Unterschiede in den Strafprozeßprinzipien sind in der Ausgleichung begriffen. Die Vorzüge öffentlicher und mündlicher Rechtspflege sind fast überall zugestanden und werden in Deutschland höchstens nur noch von Militärrichtern mit Beziehung auf den Soldatenstand in Frage gestellt.

Desselben allgemeinen Anerkenntnisses erfreut sich der Grundsatz der Unabhängigkeit der Rechtspflege.

Jene staatsrechtlichen, der Souveränetät entnommenen Bedenken sind heut zu Tage wenigstens dann nicht mehr vorhanden, wenn in den Auslieferungsverträgen Gegenseitigkeit verbürgt wird in Beziehung auf die Auslieferung von Unterthanen.

Zukünftige Zeiten werden daher die Frage, ob die eigenen Unterthanen unter bestimmten Umständen dem Auslande auszuliefern sind, nicht mehr vom Standpunkte der nationalen Souveränetät, sondern vorzugsweise vom Standpunkte der allgemeinen Strafrechtsinteressen, der Sicherung der Völkerrechtsordnung, der Humanität und der dem Angeklagten zustehenden Vertheidigungsberechtigung prüfen müssen. Bei der in der modernen Staatenwelt fortbestehenden Ungleichartigkeit der heutigen Strafrechtszustände wird von der Regel der Nichtauslieferung schwerlich so bald abgegangen werden können.

Anzuerkennen ist auch, daß der Kampf um Beibehaltung

oder Abschaffung der Todesstrafe eine endgültige Ausgleichung dieser Verhältnisse erschwert.

Das sittliche Gefühl sträubt sich dagegen, daß Staaten, die die Todesstrafe für die schwersten Verbrechensfälle abgeschafft haben, ihre eigenen Unterthanen einem ausländischen Henker überliefern, oder in Gefängnisse einsperren lassen, die den Grundsätzen humaner Behandlung in ihren Einrichtungen zuwider sind.

Jener einseitige Gesichtspunkt, wonach sich der Staat niemals herbeilassen soll, seinen Unterthanen wegen der im Auslande begangenen Delikte auszuliefern, ist nicht selten eine Maske anderer Interessen gewesen.

Dies gilt beispielsweise von dem Verhalten des nordamerikanischen Unionspräsidenten Monroe, der sich 1818 weigerte, zur Unterdrückung des Sclavenhandels eine von England vorgeschlagenen Einrichtung gemischter Gerichtshöfe anzunehmen.

Monroe erwiderte der Englischen Regierung, amerikanische Sclavenhändler hätten ein verfassungsmäßiges Recht darauf, von einheimischen Richtern abgeurtheilt zu werden, da diese ihrerseits hinwiederum nach amerikanischen Gesetzen im Falle des Amtsmißbrauchs angeklagt werden könnten. Thatsächlich bedeutete diese Einwendung nichts anderes als den Schutz der Sclaverei durch Gesetze, die für freie Bürger gegeben waren.

Erwägt man vom Standpunkte der Humanität, daß die Richter in der nordamerikanischen Union der Sclavenhalterei Jahrzehnte hindurch günstig gestimmt waren und daß die große amerikanische Republik der Institution des Sclavenhandels die Lebensfrist um ein Vierteljahrhundert verlängerte, so zeigt gerade dieser Fall, daß ausländische Gerichtsbehörden bei gewissen

Verbrechen gerechter und unabhängiger urtheilen können, als inländische.

Als ein sehr wichtiger Vorgang muß es angesehen werden, daß England in allerneuester Zeit zu seinem alten Rechtsgrundsatze zurückkehrt, wonach einerseits Verbrechen, von Ausnahmen abgesehen, nur am Orte der That selber bestraft werden sollen, die an ausländischen Orten begangenen Verbrechen also in England regelmäßig nicht bestraft werden können, dagegen aber auch Englische Unterthanen an das Ausland ausgeliefert werden sollen.

Die jüngsten Nachrichten behaupten, daß in den gegenwärtig wegen eines Auslieferungsvertrages mit der Schweiz schwebenden Verhandlungen, England einerseits auf die Auslieferung schweizerischer Bürger verzichtet, andererseits aber die Auslieferung englischer Unterthanen zugestanden habe, von der bisher üblich gewordenen Gegenseitigkeitspraxis also abgegangen sei.

Angesichts dieses Vorganges erscheint es kaum zulässig, die Nichtauslieferung der eigenen Unterthanen als nationale Ehrensache zu bezeichnen. Im Gegentheil steht zu hoffen, daß diese Frage ein anderes Ansehen gewinnen wird, wenn jeder Staat seine Ehre darin setzt, den Zweifel zu beseitigen, als ob Ausländer vor seinem Gerichtshofe minder gut behandelt werden, als seine eigenen Staatsangehörigen, wenn insbesondere für die Vertheidigung fremder Angeklagten von Amtswegen ebenso gesorgt wird, wie für die Vertheidigung solcher, die der Rechtshülfe in höherem Maße benöthigt sind; wenn die Verschiedenheit in der Härte der Strafen, für ein und dasselbe Verbrechen durch internationale Vereinbarung dahin ausgeglichen sein wird, daß den ausgelieferten Ausländer keine härtere Strafe treffen darf, als dies in seiner eigenen Heimath für den gleichen Fall angedrohte Strafübel und wenn endlich die internationalen Versuche einer Gefängnißreform zu einem gewissen Abschluß gediehen sein werden.

Auch das im Jahre 1873 zu Gent begründete völkerrechtliche Institut (Institut de droit international), das im Jahre 1880 auf seiner Jahresversammlung in Oxford eine allgemeine Richtschnur für den Inhalt der Auslieferungsverträge entwarf, hat sich einer grundsätzlichen Billigung der Nichtauslieferung eigner Unterthanen enthalten und überdies anerkannt, daß die Auslieferung wenigstens dann nicht verweigert werden sollte, wenn ein Verbrecher erst nach begangener Missethat in demjenigen Staate naturalisirt wurde, von welchem er in Ermangelung der Unterthaneneigenschaft auszuliefern sein würde.[1])

III.

Die zweite Ausnahme von der allgemein vorausgesetzten Auslieferungspflicht bildet die Klasse der politischen Verbrecher. Es ist ein Grundsatz des modernen Völkerrechts, daß eine Verpflichtung zur Auslieferung politischer Verbrecher nicht besteht und auch vertragsmäßig nirgends übernommen werden sollte, Auslieferung politischer Verbrecher sogar der Völkermoral zuwiderläuft.

Auch dieser Satz ist neu. Der Denkweise des Alterthums liegt es fern, eine wesentliche Verschiedenheit anzunehmen zwischen Angriffen auf den Staat und Angriffen auf das Recht der einzelnen Bürger. Das politische Verbrechen in antiken Republiken erscheint vornehmlich ausgeprägt als Angriff auf die Volksfreiheiten und den Bestand freier Staatsverfassungen. Das antike

Staatsverbrechen ist Treubruch der vom freien Volk erwählten Staatsbeamten, Feldherren oder Befehlshaber, Verrath am Volke, Auflehnung der Obrigkeit gegen das Recht des wählenden Volkes, nicht umgekehrt Auflehnung des einzelnen Bürgers gegen die Macht der Obrigkeit.

Gerade in diesem Punkte zeigt sich der Unterschied zwischen moderner und antiker Anschauungsweise. Das politische Verbrechen der neueren Zeit, aus monarchischer Ueberlieferung erwachsen, ist der Angriff einzelner Privatpersonen gegen den wirklichen oder vermeintlichen Mißbrauch obrigkeitlicher Macht gegen das Recht der Staatsgewalt, die unabhängig vom Volkswillen entstand.

Die moralische Würdigung der Staatsverbrechen muß daher nach der antiken Denkweise im Vergleich zu uns eine verschiedene sein. Während nach monarchischem Staatsrecht der Angriff auf das Leben des Staatsoberhauptes das schwerste Verbrechen darstellt, ist nach republikanischer Denkweise der antiken Staatsmänner und Philosophen Tyrannenmord überhaupt kein Verbrechen, sondern eine verdienstliche That. Und andererseits mußte der verrätherische Gebrauch der Staatsmachtmittel zur Vernichtung der Volksfreiheiten, wo er von der erwählten Obrigkeit ausgeht, weitaus schändlicher und schwerer erscheinen, als Mord oder Todtschlag, begangen von einzelnen Staatsbürgern. Auch das Mittelalter weiß nichts von Schonung gegenüber denjenigen, die sich gegen die hergebrachte Ordnung des Staates und der Kirche auflehnen; aber es zeigte sich doch der beginnende Conflikt der Anschauungen zuerst auf dem kirchlichen Boden. Auf der einen Seite der ungeheuere, über das gesammte Gebiet der Christenheit erstreckte einheitliche Machtorganismus der katholischen Kirche, auf der anderen die Auflehnung des individuellen Gewissens unter dem amtlichen Verbrechenstitel der Ketzerei — dazwischen der Scheiterhaufen und die Ketzerinquisition, welche die Kirche als ihre heiligste Pflicht, als Forderung christlicher Nächstenliebe betrachtete und welche die denkende Vernunft als ein Verbrechen gegen die Menschheit verwirft. Mit der Reformation ist der Ausgangspunkt gesetzt für die Würdigung des politischen Verbrechens in neuerer Zeit.

Der Conflikt zwischen freiem Glauben an das religiöse Gewissensrecht des Einzelnen und dem Zwangsglauben der Kirche säcularisirt sich allmählich. Er verpflanzt sich auf das staatliche Gebiet. Hier erscheint er als gesetzwidrige That, hervorgewachsen aus dem Glauben an das natürliche oder angeborene Freiheitsrecht des Einzelnen und gerichtet gegen die Ueberlieferung einer absoluten Staatsmacht, die jede Auflehnung gegen ihr ebenfalls fest geglaubtes Machtrecht als Rebellion gegen die göttliche Ordnung der Obrigkeit verdammt.

Die strafrechtlichen Anschauungen der absoluten Monarchie gegenüber ihren Widersachern und den Verkündern der politischen Freiheit können grundsätzlich nicht verschieden sein von den strafrechtlichen Anschauungen oder von der Denkweise des schrankenlos gebliebenen Pabstthums gegenüber den Aposteln der Religionsfreiheit.

Für beide Machtkreise ergiebt sich die Forderung schonungsloser Vernichtung des kirchlichen oder politischen Gegners.

Die Ketzerinquisition der Kirche bedeutete Standrecht gegen die Rebellen des Glaubens, die standrechtliche Behandlung politischer Widersacher bedeutete staatliche Ketzerinquisition gegen den Frevel an der von Gott verordneten Obrigkeit.

Weil es Naturgesetze giebt, giebt es auch unvermeidliche Consequenzen aller Unnatur. Aus der Unnatur aller Despotie entstehen mit geschichtlicher Unvermeidlichkeit jene scheußlichen Ausgeburten der Willkür, welche der Römische Cäsarismus zuerst unter dem Titel des Majestätsverbrechens zeitigte, und die Folgezeit dann unter der Herrschaft gewissenloser, verbuhlter oder fromm gläubiger Despoten bis zum Zeitalter der französischen Revolution wiederholt hat.

Dieser Ideenkreis, der seit dem XVI. Jahrhundert, die absolute Gewalt in Staat und Kirche umschließt, bildet seine Peripherie aus dem Satz, daß alle Missethaten gekrönter Mörder, wie Richard III. von England, Alexander Borgia, des Pabstes, seines Sohnes Cäsar Borgia und Philipp II. aus politischen Gründen des Monarchismus straflos durch unverantwortliche Staatsmacht verübt worden, alle politischen Angriffe auf den Absolutismus der königlichen oder päbstlichen Gewalt als Verbrechen mit schwererer Strafe zu sühnen sind, als Mord und Fälschung, vor allen Dingen aber keinen Anspruch haben auf die Garantieen einer unabhängigen und unparteiischen Rechtspflege.

Diese Gedankenreihe wird aber seit dem XVII. Jahrhundert dadurch einigermaßen in Unordnung gebracht, daß absolute Monarchen, die das Richtbeil gegen ihre eignen politischen Gegner brauchen, Kirchenflüchtige und Ketzer aus anderen Ländern, zumal nach der Aufhebung des Edicts von Nantes bei sich aufnahmen, womit die Antithese geliefert wird zu der mittelalterlichen, noch gegen Heinrich IV. von Frankreich geübten Kirchenpraxis, wonach zum größerem Ruhme Gottes und der Kirche Unterthanen aufgerufen wurden, ihrem im Kirchenbann stehenden Landesherrn den Gehorsam zu versagen oder Widerstand entgegenzusetzen.

Diese Auflehnung gegen fürstlichen Machtmißbrauch und königliche Willkür, den die mittelalterliche Kirche gegen ketzerische Monarchen geboten hatte, sanktionirte das freigewordene Gewissen zuerst in den Niederlanden und in England gegen eidbrüchige und verfassungsverletzende Obrigkeiten.

Damit war der moderne Begriff des politischen Verbrechens gegeben. Seine territoriale Basis fand er vornehmlich in der eigenartigen politischen Stellung der Holländischen Generalstaaten gegenüber den großen Europäischen Monarchieen; insbesondere gegenüber der Spanischen Gewaltherrschaft, der das Henkerbeil und der Dolch des Banditen legitime Mittel waren, um die Begründer der niederländischen Republik zu vernichten; gegenüber der englischen Monarchie, in der unter den Stuarts der Kampf zwischen dem göttlich geglaubten Rechte des Absolutismus und dem ebenso göttlich geglaubten Rechte der Independenten mit wechselndem Erfolge geführt wurde; gegenüber dem vergoldeten Schmutz und der unzüchtigen Bigotterie der Bourbonen, die das freie Wort und die politische Meinungsäußerung in der Bastille ersticken ließen.

Die holländische Republik, deren herrschende Parteien übrigens gegen ihre inneren Feinde sich wenig schonend, zuweilen grausam zeigten, hat im XVII. Jahrhundert als Asyl politischer Verbrecher und Verfolgter für die Ausbreitung freiheitlicher Ideen in Europa ebenso viel gethan, wie England im XIX. Jahrhundert.

Wie wenig befestigt aber selbst in diesem damals freiesten Staatswesen die Grundbegriffe über das Wesen des politischen Verbrechens waren, wie bald die Niederlande den Ueberlieferungen ihres eigenen Ursprungs untreu wurden, beweist der zwischen ihnen und König Karl II. von England im Jahre 1662 abgeschlossenen Vertrag, wodurch sie sich verpflichteten, die sogenannten „Königsmörder" auszuliefern. Ein gleiches Zugeständniß hatte England zwei Jahre vorher von Dänemark erhalten. Andererseits hatte Heinrich IV. von Frankreich der

Königin Elisabeth die Auslieferung Morgan's, der des Hochverraths beschuldigt war, rundweg abgeschlagen.

Die Vergleichung verschiedener, dem XVI. Jahrhundert angehöriger Auslieferungsfälle führt zu dem Ergebniß, daß Staatsnutzen und politischer Vortheil in jedem einzelnen Falle den Ausschlag geben.

Sonst ließe es sich nicht erklären, weswegen die französische Regierung, die sich der fürstlichen Absolutie bereits annäherte ausländische Hochverräther gelegentlich beschützte, während die holländische Republik diejenigen an England auszuliefern bereit war, die eine freie Staatsverfassung durch Niederwerfung Karl's I. erstrebt hatten.

Bis an die Grenzscheide unseres Jahrhunderts beanspruchte England seinerseits die Auslieferung politischer Verbrecher.

Ehemals allgemein bekannt, gegenwärtig ziemlich vergessen, ist ein Ereigniß aus dem Jahre 1798. England forderte durch seinen Gesandten von der Stadt Hamburg die Auslieferung von vier, im irischen Aufstande compromittirten Irländern, von denen zwei, Namens Napper Tandy und Blackwell das französische Bürgerrecht durch Naturalisation erworben hatten. Frankreich verlangte dagegen von Hamburg die Freilassung jener beiden naturalisirten Flüchtlinge. Von Preußen im Stich gelassen, fügte sich Hamburg russischen Drohungen und gab dem Englischen Auslieferungsantrage statt, worauf das Direktorium in Paris durch einen Befehl vom 9. Oktober 1799 sämmtliche Hamburgische Handelsagenten aus dem französischen Staatsgebiete auswies und sämmtliche in französischen Häfen befindlichen, unter Hamburgischer Flagge fahrenden Schiffe mit Embargo belegte.

Der Hamburger Senat, der ein Entschuldigungsschreiben nach Paris gerichtet hatte, erhielt folgende Antwort:

(201)

„Euer Schreiben kann Euer Verfahren nicht rechtfertigen. Tugend und Muth sind die Stärke der Staaten. Kriecherei und Gemeinheit sind ihr Untergang. Ihr habt die Gesetze der Gastfreundschaft auf eine Weise verletzt, vor welcher die wandernden Nomadenstämme der Wüste erröthen würden".

Urheber dieser poetisch angehauchten Depesche war Napoleon Bonaparte, der damals mit Respekt vor den Arabern der Wüste erfüllt zu sein schien, vielleicht auch seinerseits die Fähigkeit zu erröthen noch besaß, die er später eingebüßt hatte, als er den Herzog von Enghien im Auslande ergreifen und erschießen ließ, Hofer und Palm ums Leben brachte oder die Auslieferung des Freiherrn von Stein betrieb.

Napoleon redete damals noch die Sprache der französischen Revolution, deren Ereignisse der Achtung vor dem Asylrecht förderlich waren. Man fing an zu begreifen, daß es nicht nur die Freunde der Volksfreiheit waren, die aus ausländischen Zufluchtsstätten Nutzen zogen, sondern auch die Opfer der Volksleidenschaften. Als Napoleon den kaiserlichen Purpurmantel um seine Schultern hängte, wendeten sich die Sympathien Europas in höherem Maße den französischen Emigrantenfamilien zu, die im Exil dem entthronten Herrscherhause die Treue bewahrten.

Für die Verallgemeinerung der Idee, daß politisch Verfolgten ein Asyl gebühre, wirkten sodann nach dem Falle Napoleons vornehmlich die Niederwerfung der freiheitlichen Bewegungen in Spanien und Italien, die selbstsüchtige Interventionspolitik der heiligen Allianz, die kleinliche Verfolgung der sogenannten Demagogen in Deutschland. Es war ein großer Theil der besten und edelsten Männer Europa's, der in dem Zeitraum von 1820 bis 1860 in der Verbannung herumirrte, oder in

Kerkern schmachtete, oder von der politischen Polizei von Ort zu Ort gehetzt wurden.

Von besonders großem Einfluß für die Verbreitung freisinniger Anschauungen ward auch die Juli-Revolution und die Unabhängigkeits-Erklärung Belgiens. Geographische Lage und Entwickelung der Verkehrsmittel erhoben Belgien zum Range eines der Europäischen Freiheitsentwickelung besonders dienlichen Asylstaates, der, gleicherweise wie die Schweiz zahlreiche Flüchtlinge bei sich beherbergte oder nach England durchziehen ließ. Um der belgischen Regierung einen Rückhalt zu gewähren gegen die Zumuthungen mächtiger Nachbarstaaten und das Mißvergnügen despotisch gearteter Staatswesen, war es eine weise Maßnahme, daß die Bedingungen, unter denen Auslieferungen an das Ausland gewährt werden durften, nicht in das Ermessen der Administrativbehörden gestellt, sondern durch Gesetz in allen Einzelheiten bestimmt wurden.

Die Belgische Verfassung verordnet in ihrem 128. Artikel: daß jeder Fremde, auf Belgischem Staatsgebiet für seine Person und sein Eigenthum vorbehaltlich besonderer, durch Gesetz vorgeschriebener Ausnahmen, des Rechtsschutzes theilhaftig sein soll und das erste der in Belgien 1833 ergangenen Auslieferungsgesetze schreibt für den Abschluß der Auslieferungsverträge eine feste Richtschnur vor.

In Artikel 6 dieses Gesetzes heißt es:

"Es muß in den Auslieferungsverträgen ausdrücklich stipulirt werden, daß kein Fremder im Auslande wegen irgend eines vor der Auslieferung begangenen politischen Vergehens bestraft werden darf, noch auch wegen irgend einer Handlung, die mit einem politischen Vergehen zusammenhängt, noch auch wegen irgend eines Verbrechens oder Vergehens, das im gegenwärtigen Gesetz nicht besonders namhaft gemacht ist, anderenfalls ist jede Auslieferung durch die Regierung untersagt."

In gleichem Sinne ist das als nahezu mustergültig zu erachtende Auslieferungsgesetz vom 15. Juni 1874 abgefaßt, worin dreißig nicht politische Verbrechensfälle genau verzeichnet sind, auf deren Bestrafung sich der Abschluß von Auslieferungsverträgen richten darf.

Dieser gesetzlichen Basis entsprechend, sind bis zum 1. Januar 1880 von Belgien mit achtzehn, theils Europäischen, theils Außereuropäischen Ländern, Auslieferungsverträge abgeschlossen worden.

Für West-Europa war somit der Grundsatz der Nichtauslieferung politischer Verbrecher hinreichend gesichert, als die Erschütterungen des Jahres 1848 ausbrachen und die Fluthwellen der Erhebung bis an die Grenzen Rußlands und das Mündungsgebiet der Donau sich ergossen.

Im Februar und März flüchteten Fürsten und Minister, im Sommer und Herbst desselben Jahres die Volksmänner aus Baden, Prag, Wien und Neapel. Ihnen folgten alle die Tausende, die im Laufe des Jahres 1849 in Süddeutschland, Ungarn, Italien, Oesterreich politisch Schiffbruch gelitten hatten.

Der Wechsel der menschlichen Schicksale ward jedoch nur zu schnell vergessen. Ueberall, vornehmlich aber in Italien und Oesterreich-Ungarn erhob die Rachsucht ihre Stimme gegen unterlegene Insurgenten und Flüchtlinge.

Von Rußland nachdrücklich unterstützt, verlangte Oesterreich die Auslieferung seiner ungarischen Rebellen durch die Türkei.

Damals schrieb Lord Palmerston in einer Depesche dem Englischen Gesandten in Oesterreich und St. Petersburg:

"Wenn es einen Grundsatz giebt, der mehr als irgend ein anderer, in neuerer Zeit von unabhängigen und civilisirten

Staaten, größeren sowohl als kleineren, befolgt worden ist, so ist es der, daß politische Verbrecher nicht ausgeliefert werden sollen. Die Gesetze der Gastfreundschaft, die Vorschriften der Humanität, die edlen Empfindungen der Menschlichkeit erheben dagegen Widerspruch und jede unabhängige Regierung, welche ungezwungen solche Personen ausliefert, würde allgemein und mit gutem Grunde gebrandmarkt und entehrt sein."

Dies war sicherlich die Denkweise aller Freisinnigen in Europa. Im Uebrigen aber erfuhr man, daß es civilisirte Despotien giebt und andrerseits auch despotisch regierte Länder, die gewöhnlich als uncivilisirt gelten, dennoch aber politisches Ehrgefühl in einzelnen Fällen bethätigen können.

Dies zeigte sich im Falle der Türkei, die von ihrer Civilisation nicht so viel Rühmens macht wie andere Länder, als sie das Asylrecht politischer Flüchlinge nach dem Scheitern der ungarischen Erhebung, gegenüber ihren mächtigeren Nachbarstaaten nachdrücklichst vertheidigt. Die Pforte verweigerte der Oesterreichischen Regierung die 1849 von dieser begehrte Auslieferung Ungarischer Insurgenten, was um so ehrenvoller war, als sie im Hinblick auf die ihr von anderer Seite drohenden Gefahren der Oesterreichischen Freundschaft ein großes Gewicht beizumessen hatte.

Unzweifelhaft hat dies mannhafte und kräftige Auftreten den Türken damals einen großen Theil der Europäischen Sympathieen erworben, und in der öffentlichen Meinung jene Stimmung hervorgerufen, die der Türkei bei dem Ausbruch des Orientalischen Krieges 1854 Unterstützung gewährte. Auch heute sollte es nicht vergessen werden, daß es eine muhammedanische Regierung war, die verfolgte Christen gegen den Zorn einer christlichen Regierung in Schutz nahm.

Andrerseits wird mit Rücksicht auf den von Lord Palmerston verfochtene Standpunkt auch niemand bestreiten, daß Deutschland und Preußen sehr hoch civilisirte Staaten waren, obwohl der Bundestag und die beiden deutschen Großmächte nach dem Jahre 1851 die Auslieferung politischer Verbrecher mit Vorliebe begehrten und gewährten.

Der deutsche Bund hatte schon vor 1848 bewiesen, daß er der Ergreifung von Dieben und Gaunern weniger Bedeutung beimaß, als der Verfolgung politisch verdächtiger Personen. Und Preußen hatte aus Gründen des Staatsvortheils die Auslieferung von Militärpflichtigen durch seine Cartell-Conventionen der öffentlichen Meinung zuwider an Rußland zugestanden.

Aber selbst Frankreich hätte kaum Anspruch darauf gehabt, als civilisirter Staat in den Augen seines Englischen Gönners zu gelten; denn das Ministerium Molé hatte 1839 die Entfernung von Louis Napoleon der Schweizerischen Eidgenossenschaft abzupressen versucht.

Was Deutschland anbelangt, so ist auch mit Beziehung auf das Auslieferungswesen die Herstellung unserer Reichseinheit unläugbar als ein Fortschritt deswegen zu erachten, weil durch die in Deutschland mächtigste Regierung ihre ehemals tief eingewurzelte Strenge gegen politische Flüchtlinge insoweit dem West-Europäischen Standpunkt aufgeopfert worden ist, als in den vom deutschen Reich abgeschlossenen Auslieferungsverträgen der Grundsatz der Nichtauslieferung politischer Verbrecher anerkannt worden ist.

Freilich besteht im Vergleich zu Belgien immer noch ein erheblicher Unterschied. Die deutschen Regierungen brauchen sich nicht herbeizulassen, politische Flüchtlinge auszuliefern, aber sie sind, wenigstens in Ermangelung eines Auslieferungsvertrages auch nicht verhindert, eine Auslieferung aus Gefälligkeit im einzelnen Falle zuzugestehen, während der belgischen Staatsregierung durch Gesetz ein für allemal eine Beschränkung auferlegt worden ist, die sie unter keinen Umständen zuwiderhandeln kann, ohne sich der Gesetzesverletzung schuldig zu machen.

Die Gründe, weswegen die Auslieferung politischer Verbrecher verweigert wird, beruhen nicht darauf, daß im Allgemeinen und schlechthin das Verbrechen gegen die staatliche Ordnung als milder erachtet werden müßte, als irgend ein gemeines Verbrechen. Im Gegentheil ist zu allen Zeiten und bei allen Völkern der Landesverrath gegenüber dem Auslande als schnödeste Missethat angesehen worden. Entscheidend ist vielmehr, daß in weitaus den meisten Fällen nicht der gelehrte Jurist und der Volksrichter, sondern die Geschichte, als vollkommen unparteiische Instanz der Beurtheilung erscheint. Jede Partei ist, eben weil sie Partei, in der Behandlung politischer Gegner befangen, zum Mißbrauch der Macht geneigt und auch der Richter, der vom Staate berufen ist, die gesetzlich hergebrachte Verfassung zu schützen, fühlt sich oft genug, ohne es zu wissen, als Parteigänger der Regierung und der öffentlichen Ordnung. Es ist beinahe unvermeidlich, daß das politische Strafgesetz gelegentlich über die Linien der Gerechtigkeit hinausgeht; auch in freien Staaten ist das Gesetz ein Werk der Majoritäten, also der Parteiregierungen. Dazu kommt zweitens, daß das politische Strafgesetz weniger den Forderungen der Gerechtigkeit, als dem Bedürfniß der Sicherheit dienen soll. Gewisse Unternehmungen, die nach allgemeinen Grundsätzen noch straflos gelassen werden, wo Diebstahl, Fälschung und Betrug in Betracht kommen, werden für strafbar erklärt, wenn sie sich auf Hochverrath beziehen. Dies gilt beispielsweise von den sog. Vorbereitenden Handlungen oder vom Komplott. Fast überall sind für die Beurtheilung politischer Verbrechen Ausnahmevorschriften gegeben, sei es, daß zur Zeit des Belagerungszustandes Militärgerichte in Wirksamkeit treten, sei es, daß die Mitwirkung der Geschworenen beseitigt ist, wie bei der Aburtheilung des gegen das deutsche Reich verübten Hochverraths, sei es, daß Ausnahmegesetze erlassen werden, wie gegen die gemeingefährlichen Agitationen der deutschen Socialdemokraten oder der irischen Landliga. Ein dritter Grund ist, daß Begriff und Inhalt vieler politischen Verbrechen nach Zeit und Raum wechselt.

Wie verschieden sind in den Gesetzen die Grenzen der freien Meinungsäußerung geregelt! Manche Anklage, die vor deutschen Gerichtshöfen mit Verurtheilung wegen Beleidigung einer Behörde oder eines Beamten in Beziehung auf deren Beruf endigt, würde in England oder in Nordamerika unbegreiflich sein. Blicken wir nicht heute mit Erstaunen auf die in den dreißiger Jahren gegen dreifarbige Studentenbänder veranstaltete Parforce-Jagd? Sehen wir nicht heute Männer, die nach dem Scheitern unserer Einheitsbewegung 1849 oder 1850 zum Tode verurtheilt waren, oder doch in's Exil flüchten mußten, theils zu hohen Staatsämtern gelangt, theils mit Ordenssternen geschmückt?

Die Lehre, die wir aus der Vergangenheit ziehen sollen, bestehe darin, daß wir uns nicht einbilden, die Gesetzgebung sei über Irrthümer und Leidenschaften erhaben und wir selbst seien gegen den Verfolgungseifer erzürnter Gewalthaber oder Demagogen für alle Zukunft gesichert. Zu allen Zeiten gab es glückliche Staatsverbrecher, die wegen des Gelingens ihrer Pläne mit Ehren überhäuft wurden, und unglückliche Patrioten, die das Scheitern ihrer Unternehmungen unter dem Henkerbeile oder im Zuchthause zu büßen hatten.

Den großen Gedanken, daß diejenigen, die für die Sache der Freiheit ungerechter Weise bestraft werden, denselben Anspruch auf die Dankbarkeit der Nachwelt haben, wie diejenigen, die auf dem Schlachtfeld gefallen sind, bringt eine italienische Inschrift zum klarsten Ausdruck. Auf der Denksäule, welche auf der piazza dei martiri in Neapel den Opfern der Einheitsbewegung gewidmet ist, heißt es: „Dem gloriosen Andenken an die neapolitanischen Bürger, die durch ihren Tod auf dem Schlachtfeld oder am Galgen dem Volke die Freiheit errangen, durch feierliches und ewiges Gelöbniß das Plebiscit vom 21. Oktober 1860 zu verkünden."

In keinem unserer Zeitgenossen treten diese Wechselfälle des menschlichen Glückes, der Noth und des Elends, des Glanzes und Triumphes, des Gelingens und Scheiterns in so starker Beleuchtung hervor, wie in Garibaldi, der der Reihe nach alle Titulaturen des Volksbefreiers, Heroen, Flibustiers, Räuberhauptmanns, Diktators, Hochverräthers, Abenteurers, Schwachkopfes, Freischärlers und Generals über sich ergießen ließ, bald Armeen kommandirte, bald als Flüchtling herumirrte, bald als Gefangener in Banden lag, bald Könige in Schrecken setzte.

In der Nichtauslieferung politischer Verbrecher offenbart sich der Conflict zwischen der menschheitlich völkerrechtlichen Auffassung, wonach derjenige bemitleidet, geehrt oder geachtet wird, der sich im Widerspruch zu einem bestehenden Gesetze, dem Glauben an das höhere Zukunftsrecht seines Vaterlandes zum Opfer bringt und der staatsrechtlichen Nothwendigkeit, jede jeweilig und thatsächlich bestehende Ordnung gegen Angriffe zu vertheidigen.

Jeder Kulturstaat, der das Asylrecht achtet, duldet an auswärtigen Flüchtlingen und fremden Staatsverbrechern, was er in der Mehrzahl der Fälle an seinen eigenen Unterthanen mit Strafe ahnden würde.

Ist dieser Zwiespalt ein unlösbarer? Läßt sich von der Zukunft keinerlei Ausgleichung hoffen?

Auf diese Frage dürfte sich in der Gegenwart schwerlich eine hinreichend bestimmte Antwort geben lassen.

Nicht zu bestreiten ist, daß die politischen Strafgesetze seit der Mitte unseres Jahrhunderts milder geworden sind. Die Französische Republik schaffte die Todesstrafe für politische Verbrecher im Jahre 1848 ab. Und die Bestimmungen des Deutschen Strafgesetzbuchs können, soweit sie sich auf Hoch- und Landesverrath beziehen, keineswegs der Härte geziehen werden.

Andererseits bemerkt man, daß leidenschaftliche Erregung von Zeit zu Zeit die Uebung des Gesetzes aus dem eingedeichten Strombett hinausdrängt. Wo der Richter nach beendigtem Bürgerkriege dem ungeduldigen Zorn des Siegers keine Genugthuung bietet, greift man, wie nach der Niederwerfung der französischen Commune, zu summarischen Erschießungen durch Militairtribunale.

Könnte man doch mit Zuversicht behaupten, daß in neuester Zeit die Schroffheit der Parteigegensätze, die Unduldsamkeit auf dem Boden der religiösen Ueberzeugungen, der Haß zwischen den verschiedenen Gesellschaftsklassen erheblich vermindert worden wäre!

Freilich giebt es in jenem Widerspruch zwischen der völkerrechtlichen und der strafrechtlichen Auffassung des politischen Verbrechens eine grundsätzliche Lösung. Aber diese wäre nur in der Rückkehr zu der antiken Anschauung zu finden, die in der Blüthezeit der römischen Republik zur Geltung kam. Diese Lösung war: Die Anerkennung der Verbannung nicht nur als eines vom Asylstaat gewährten Staatsschutzes, das dem politischen Flüchtling gegenüber der Strafverfolgung durch den Heimathsstaat eingeräumt wird, sondern auch als einer Strafe, die dem politischen Verbrecher von seinem eigenen Lande auferlegt wird.

Die antike Idee, daß Verbannung eine für die schwersten Verbrechen ausreichende Strafe darstelle, beruhte jedoch auf der Rechtlosigkeit der Fremden und der Unmöglichkeit der politischen Wirksamkeit eines Vertriebenen, der von der Wahlstätte des Marktplatzes oder aus der Volksversammlung verdrängt worden war.

Heute ist der erzwungene Aufenthalt in der Fremde, wie die Rückkehr der Flüchtlinge nach ergangener Amnestie darthut, für patriotische Charactere zwar auch ein schweres Leiden; aber er ermöglicht bei unseren heutigen Verkehrsmitteln, durch Benutzung der Post, der Telegraphie und der Presse eine Fortsetzung politischer Einwirkung auf die Heimath, so daß Verbannung als Strafe für schwere politische Verbrechen nur dann ausreichend erscheinen würde, wenn sie mit sicheren Bürgschaften gegen die Fortsetzung feindseliger Einwirkungen auf den Heimathsstaat verbunden werden könnte und wenn jeder Staat verbrecherische Angriffe auf befreundete Mächte mit hinreichender Strafe bedrohte.

Daß der Gegensatz zwischen politischen und gemeinen Verbrechen in aller Zukunft derselbe bleiben wird, wie gegenwärtig, läßt sich mit völliger Zuversicht weder behaupten, noch auch bestreiten. Manche Anzeichen deuten darauf hin, daß die auf diese Motive bezüglichen Begriffe, statt sich zu verdichten, sich weiterhin verflüchtigen könnten.

Die Lehre, welche im Mittelalter, an den Tyrannenmord der antiken Welt anknüpfend, die Verdienstlichkeit oder Zulässigkeit der Tödtung ketzerischer Fürsten noch gegen Ende des XVI. Jahrhunderts verkündete, verschwand aus der moraltheologischen Literatur und die Jesuiten trachten darnach, den Vorwurf, daß sie den Königsmord gerechtfertigt hätten, von sich abzulehnen.

Unleugbar wurzelte die allgemeine Sympathie mit politischen Verbrechern, die bis vor Kurzem in Italien am stärksten hervortrat, in dem schroffen Gegensatze zwischen freien Staaten und fürstlicher Absolutie. Wenn auch nicht behauptet werden kann, daß mit dem endgültigen Siege demokratischer Verfassungsprinzipien die Bürgerkriege und folglich das politische Verbrechen aus der Welt verschwinden werden, vielmehr die gegentheilige Schlußfolgerung ebenso zulässig erscheint, wofern man auf den großen amerikanischen Bürgerkrieg hinblickt, so läßt sich doch erwarten, daß mit zunehmender Annäherung der repräsentativen Monarchie an die repräsentative Republik die Verschiedenheiten in der Würdigung politischer Verbrechen vermindert werden müssen.

Endlich darf man nicht vergessen, daß Zweckbestimmungen, Zielpunkte und Beweggründe politischer Verbrecher gleichfalls dem historischen Wechsel unterliegen. Das organisirte revolutionäre Massenverbrechen der Gegenwart zeigt die Tendenz, sich mit dem gemeinen Verbrechen zu vermischen, was namentlich da hervortritt, wo zum Zwecke der Bewaffnung gemeine Verbrecher aus den Strafanstalten befreit werden. Es war, moralisch genommen, etwas anderes, einen Gewalthaber anzugreifen, der im Vertrauen auf seine formale Unverantwortlichkeit als Herrscher persönlich oder durch Banditen das Leben seiner Unterthanen gefährdete, das Privateigenthum durch willkürliche Konfiskationen zu seinem persönlichen Vortheil einzog oder gar die Geschlechtsehre der Frauen bedrohte; etwas anderes, unter dem Vorwand einer allgemeinen communistischen Theorie oder aus dem Beweggrunde persönlichen Eigennutzes die Grundlagen und das Dasein des Privateigenthums, des Erwerbsrechtes oder der

Familie mit den Waffen in der Hand zu bekämpfen und die Sicherheit aller Rechtsgüter durch Verkündung eines revolutionären Prinzips anzufechten.

Schwerlich wird es zukünftigen Geschlechtern einleuchten, daß ein irischer Pächter, der hinter der Hecke liegend, seinen Grundherrn niederschießt, weil er die bestehende Ackervertheilung als eine unbillige Verkürzung irischer Rechte betrachtet, als politischer Verbrecher anzusehen sei. Auch hier zeigt sich der Gegensatz moderner Anschauung gegenüber der antiken Denkweise; aber von einer anderen Seite.

Wenn wir eine andre Anschauung von dem sittlichen Werthe des Tyrannenmordes zu unserm Vortheil errungen haben, so stand das Alterthum darin höher, daß man sicherlich catilinarische Verschwörer, die das Eigenthum der besitzenden Klasse in Rom bedrohten, niemals als „Sozialreformer" betrachtete, als welche die Fanatiker oder Spießgesellen der französischen Kommune gelegentlich von etlichen Schwärmern gefeiert werden.

IV.

Wenden wir uns von der negativen Seite, das heißt von den Ausnahmefällen, in denen die Auslieferung nicht statthaft ist, zu der positiven Seite unserer Frage.

Wann verlangt die Billigkeit und das Rechtsinteresse der modernen Staaten, daß dem Auslieferungsbegehren einer fremden Macht entsprochen werde? Auf welche Verbrechen sollen sich die Auslieferungsverträge erstrecken?

Die erste Bedingung ist, daß die Verbrechens-Handlung,

welche von einem fremden Rechtsflüchtigen gesühnt werden soll, nach zwei Richtungen hin als verbrecherisch erscheine, sowohl nach dem Gesetze desjenigen Staates, in dessen Gebiet eine Missethat verübt sein soll, als auch nach dem Gesetze desjenigen Landes, von welchem die Auslieferung begehrt wird. Denn nur unter dieser Voraussetzung doppelter Strafbarkeit besteht ein gemeinsames, also völkerrechtliches Interesse an der Bestrafung. In diesem Grundsatze liegt für jeden einzelnen Staat eine nützliche Mahnung zur strafgesetzgeberischen Sparsamkeit, ein Gegengewicht gegen den despotischen Eifer, der alle öffentlichen Mißstände, oder alle lasterhaften Angewohnheiten der Menschen durch Strafparagraphen aus dem Wege zu räumen sucht. Schmiedet eine Regierung, unbekümmert um die öffentliche Meinung der gebildeten Welt, nach Launen und Willkür Strafgesetzparagraphen, so muß sie wissen, daß sie auf die Unterstützung des Auslandes bei deren Anwendung nicht zu rechnen hat.

Im Großen und Ganzen besteht in der Würdigung dessen, was als gemeines Verbrechen bestraft werden soll, in der gebildeten Welt eine ziemlich weitgehende Uebereinstimmung der sittlichen Anschauungen. Aber man darf nicht glauben, daß diese Uebereinstimmung sich auch auf die Abstufung der Strafbarkeit oder die Feststellung der juristischen Begriffe erstrecke. Die Rangliste der Verbrechen ist in den einzelnen Strafgesetzgebungen eine sehr verschiedene, und auch im historischen Entwicklungsgange des Strafrechts stets eine sehr ungleiche gewesen.

Bleibt man bei diesem militärischen Bilde der Rangliste, so könnte man sagen, daß in gewissen Ländern und zu gewissen Zwecken bestimmte Verbrechen Generals-Rang nach ihrer Schwere einnehmen, die zu andern Zeiten und bei andern Völkern über die Stellung eines Unteroffiziers nicht hinauskamen.'

Solche Unterscheidungen in der criminalistischen Rangstellung sind nicht zu übersehen. Das Völkerrecht muß die Auslieferung in solchen Fällen mißbilligen, wo ein Rechtsflüchtiger im Zufluchtsstaate wegen der ihm zur Last gelegten Handlung zwar nicht straflos bleiben würde, aber nach der Gesetzgebung seines Heimathsstaates von einer unverhältnißmäßig harten, oder grausamen Strafe bedroht wäre.

Unter dem Einfluß der christlichen Kirche waren Gotteslästerung und gewisse Unzuchtsfälle zu todeswürdigen Verbrechen erklärt worden.

Heute werden dieselben Vergehen in Deutschland mit so geringen Gefängnißstrafen belegt, daß sehr angesehene Theoretiker die Frage anregen durften, ob man in solchen Fällen nicht lieber gänzlich Straflosigkeit eintreten lassen sollte?

Angenommen, daß die Auslieferung eines Gotteslästerers unter solchen Umständen von einem Staate verlangt würde, der die Todesstrafe dafür beibehalten oder wiederum eingeführt hätte — wäre die Weigerung desjenigen Staates nicht gerechtfertigt, der für den gleichen Fall nur eine geringere Strafe verordnet hat? —

Das Gleiche wäre zu sagen in Beziehung auf den Zweikampf, der den Tod eines Duellanten zur Folge hat. Da in England die Tödtung im Zweikampfe als gemeiner Todtschlag bestraft wird, könnte nach der milderen Auffassung des deutschen Rechts eine Auslieferung nicht zugestanden werden. Derjenige Fall, in welchem die Uebereinstimmung der sittlich= rechtlichen Auffassungen am stärksten hervortritt, ist das Verbrechen des Mordes.

Und dennoch bestehen gerade hier unter kulturverwandten Ländern sehr erhebliche Abweichungen in den juristischen Begriffen. Nicht einmal zwischen Oesterreich und Deutschland findet sich Gleichmäßigkeit der Gesetzesbestimmungen über Mord und Todtschlag.

Was in England Mord genannt wird, fällt in Deutschland theils unter die wesentlich verschiedene Auffassung des Todtschlages, theils unter den Thatbestand der Körperverletzung mit tödtlichem Ausgange oder sogar der fahrlässigen Tödtung. Eine Kindesmörderin, die in Deutschland mit zwei Jahren Gefängniß bestraft werden kann, muß in England als gemeine Mörderin mit dem Galgen bestraft werden, was eine so starke Zumuthung an das Rechtsgefühl ist, daß sich selbst englische Geschworene fast niemals zu einen Schuldspruch bewegen lassen.³)

Die gemeinsame von zwei unglücklich Liebenden beschlossene und an einem Theil mißlungene Tödtung wird an dem wider Willen überlebenden Thäter in Deutschland mit mindestens dreijährigem Gefängniß, in England mit dem Tode bestraft.

Das englische Recht bestraft sogar denjenigen, der einem guten Freunde die Pistolen zum beschlossenen Selbstmorde leiht, als Mörder, während in Deutschland dieser Akt gleichsam als Gefälligkeit völlig straflos bleibt.

Wie weit die Rechtsauffassungen sogar bei dem Verbrechen des Mordes auseinandergehen können, zeigt sich besonders deutlich in einem viel besprochenen Auslieferungsfalle der 1860 zwischen den Vereinigten Staaten von Nordamerika und der canadischen Regierung schwebte.

Ein südstaatlicher Sclave, Namens Anderson, war seinem Herrn entflohen, hatte seinen Verfolger, der ihn in die Sclaverei zurückbringen wollte, auf amerikanischem Boden getödtet und war dann über die canadische Grenze entkommen. Anderson war ein Mörder schlimmster Art nach dem Rechte südlicher Sclavenstaaten. Jeder nordamerikanische Bundesstaat hätte ihn ausliefern müssen. War er auch Mörder im Sinne derjenigen Staaten, die keine Sclaverei dulden und jeden Sclaven für frei erklären, der ihren Boden betritt? Oder handelte Anderson im

Zustande der Nothwehr, als er seine natürliche menschliche Freiheit im Augenblick höchster Gefahr gegen seine Peiniger vertheidigte? Der Gerichtshof der Queen's Bench in Canada hatte sich dahin entschieden, dem Auslieferungsgesuch der Unionsregierung statt zu geben, weil gesetzlich an dem Orte der Tödtung im Unionsgebiete fliehenden Sclaven kein Recht der Gegenwehr gegeben war. Der Gerichtshof der Queen's Bench in London dagegen verordnete Anderson's Freilassung und wies den Auslieferungsantrag zurück.

Welches sind nun die Verbrechensfälle, für welche Auslieferung vorgesehen ist?⁴)

Die ältesten, gegen Ende des vorigen Jahrhunderts abgeschlossenen Auslieferungsverträge haben es nur mit sehr wenigen Verbrechensfällen zu thun. Ein amerikanischer Vertrag vom Jahre 1798 erwähnt nur den Mord.

Nach und nach sind die Titulaturen der auslieferungspflichtigen Verbrechen erheblich gewachsen.

Um einen Maßstab für dieses Wachsthum zu gewinnen, ist es am Besten, die italienischen Auslieferungsverträge in's Auge zu fassen. Abgesehen von Belgien, ist kein Staat Europa's in gleich eifriger Weise bemüht gewesen, die internationale Wirkung der Strafrechtspflege durch Vertragsschließung mit andern Mächten zu sichern.⁵) Bis zum Jahre 1880 waren 27 Auslieferungsverträge durch das neue Königreich Italien vereinbart worden. In demselben kommen mehr als sechzig Verbrechensnamen unter dem Gesichtspunkt der Auslieferungspflicht in Betracht. Zu etwa drei Viertheilen dieser Zahl ist die Auslieferung zwischen Italien einerseits und Deutschland, Oesterreich und Frankreich andererseits vereinbart. Nur in etwa vierzig Verbrechensfällen gewährt England, in 24 Fällen Nordamerika und in 14 Fällen Uruguay die Auslieferung. Aehnliche Unterschiede finden sich in den Belgischen Auslieferungsverträgen.⁶)

Wie also die Zeit einen Einfluß ausübt auf die Bestrafung von Schuldigen, insofern als durch Verjährung in theils längeren, theils kürzeren Zeiträumen die Schuld getilgt wird, so verhält es sich auch in der wirklichen Strafpraxis mit den örtlichen Wirkungen der Entfernungen auf der Erdoberfläche. Je weiter ein Verbrecher sich von der Stätte seiner Schuld entfernt hat, desto größer wird die Schwierigkeit und der Kostenaufwand für seine Zurückführung, desto sorgfältiger die Erwägung der Verhältnisse zwischen dem Zweck der Bestrafung und den Mitteln des strafprozessualischen Aufwandes, desto angemessener das Bestreben, die Auslieferung nur in den schwersten und wichtigsten Verbrechensfällen zu verlangen und zu gewähren.

Jener Grundregel des Strafrechts, wonach ein todeswürdiges Verbrechen zu seiner Verjährung eine längere Zeitfrist verlangt, als ein minder schweres Verbrechen, entspricht somit eine zweite Regel, daß in Gemäßheit der Schwere einer Missethat auch die örtliche Zone erweitert werden muß, innerhalb welcher der Flüchtling seine Auslieferung zu gewärtigen hat. Und das höchste Ziel in der menschheitlichen Entwickelung der Strafrechtspflege wäre in die Forderung einzukleiden: daß ein Mörder, um straflos zu bleiben, den Nordpol zu entdecken und sein Geheimniß vor der Welt zu verbergen hätte!

Wenn diese Rücksicht auf die allgemein menschliche Schwere der Verbrechen, bei dem Abschluß der Auslieferungsverträge unter den Leitmotiven der Regierungen den ersten Rang einnimmt, so braucht dieselbe darum noch nicht die allein maßgebende zu sein.

Eine sehr wichtige, bisher noch weniger beachtete und von der Psychologie zu beantwortende Frage ist nämlich diese:

Von welchen Personen und in welchen Verbrechensfällen wird erfahrungsmäßig am häufigsten der Versuch gemacht, sich der Bestrafung durch Flucht zu entziehen?

Nach der herrschenden Meinung der Kriminalpolizei und der Staatsanwaltschaften erscheint fast jeder Mensch der Flucht verdächtig, der sich mit einer Kriminaluntersuchung in mittelschweren Fällen der Unterschlagung, des Betruges, der Körperverletzung bedroht sieht. Die praktische Folge dieser Meinung ist dann: schleunige Verhaftung und Einsperrung in ein Untersuchungsgefängniß! In Ermangelung einer guten Strafstatistik für das Deutsche Reich, deren Fehlen auf das lebhafteste zu beklagen ist, muß man mit seinen Urtheilen zurückhaltend sein. Aber trotz aller in diesem Falle gebotenen Vorsicht, glaube ich es als meine Vermuthung aussprechen zu müssen, daß unter Hunderten, die Jahr aus, Jahr ein, in Deutschland, Frankreich, Oesterreich und Italien wegen Fluchtverdacht verhaftet werden, kaum zehn zu finden sind, die daran denken, ins Ausland zu fliehen, daß unter zehn Versuchen kaum einer zu finden ist, wo die begonnene Flucht wirklich glücken kann.

Gegen die polizeiliche und staatsanwaltschaftliche, dem Inquisitionsprozeß entstammende Präsumtion der Fluchtgefahr sprechen nämlich gleichzeitig psychologische, ökonomische und intellectuelle Momente.

Psychologische, insofern die ungeheure Mehrzahl aller Verbrecher, auch solcher, die sich mit einer schweren Strafe bedroht sehen, darauf rechnen, ihre Ueberführung vereiteln und sich straffrei lügen zu können.

Wirthschaftliche Gründe gegen die Flucht ins Ausland liefert die Erwägung aller Schwierigkeiten, mit denen der Lebensunterhalt in der Fremde für Sprachunkundige verbunden ist.

Intellectuell genommen, kommt in Betracht, daß die große Masse der Besitzlosen, aus denen die Gefängnisse ihre Bevölkerung ziehen, eigentlich nicht wissen, wohin sie fliehen sollen! Solche Leute haben in der Volksschule von der Geographie weitaus weniger gelernt, als sie zum Zwecke des Fliehens nöthig hatten.

Es scheint unzweifelhaft, daß sehr viel Verstand, sehr viel Ueberlegung und ein gewisses Maaß von Erfahrenheit vorhanden sein muß, um erfolgreich fliehen zu können. Geschickt zu fliehen, ist mindestens ebenso schwer, wie vor Gericht und Angesichts der Oeffentlichkeit geschickt zu lügen.

Die Erfahrung lehrt, daß Frauen, die an Häuslichkeit gebunden sind, viel mehr Anhänglichkeit an ihre örtliche Umgebung haben und sich fast niemals zur Flucht wenden, wenn sie nicht einen Genossen ihres Verbrechens oder einen Begleiter finden.

Wenn wir daran festhalten, daß gegen das Fluchtunternehmen eines Verbrechers wesentlich psychologische, ökonomische und intellektuelle Momente als Hindernisse ins Gewicht zu fallen pflegen, so sind wir auch in den Stand gesetzt, ohne Beihülfe einer Statistik herauszufinden, welche Kategorien von Missethätern am meisten geneigt sind, die Flucht zu ergreifen. Welche Verbrechen verlocken am meisten zur Flucht? Unzweifelhaft diejenigen Verbrechen, die mit der technischen Entwicklung des modernen Geldwesens und Handelsverkehrs im Zusammenhang stehen: Veruntreuungen im Handelsgeschäfte, Kassendefekte an großen Banken und Kreditinstituten, Wechsel- und Münzfälschungen, betrügerischer Bankerott.

Das bei diesen Verbrechensarten in Betracht kommende Personal ist meistentheils, geschäftlich genommen, höchst intelligent, vertraut mit allen Verkehrswegen des Auslandes, fremder

Sprachen kundig, praktisch erfahren im Reisen, gewandt im Verkehr mit Menschen aller Art.

Das ökonomische Motiv des Verbrechens liegt bei ihnen in der Aussicht, entwendetes Gut in der Fremde sicher genießen, und sich der Last täglicher Arbeit entziehen zu können.

Wer größere Summen Geldes aus einer ihm anvertrauten Kasse entwendet, weiß mit Bestimmtheit, daß seine That nicht lange verborgen verbleiben kann und der Beweis gegen ihn mit Sicherheit erbracht wird.

Unter solchen Umständen wird die Flucht in allen ihren Einzelheiten überlegt und vorbereitet, nach jedem dabei möglichen Umstande sorgfältig erwogen. Während bei anderen Verbrechern der Fluchtgedanke sich nach begangener That in das beunruhigte Gewissen einschleicht, reift die That des Kassendiebes und Betrügers aus der vorher geplanten Flucht gleichsam heraus.

Jeder Geschäftsmann erkennt auf den ersten Blick, welche Bedeutung das Auslieferungswesen für die Sicherheit des Eigenthums gewinnen muß.

In der Reihenfolge der den großen Kredit- und Bankinstituten gegen Veruntreuungen gebotenen Garantien steht in erster Linie sicherlich die moralische Bürgschaft eines geschäftlich bewährten und zuverlässig befundenen Charakters, in zweiter Linie die Wahrscheinlichkeit, daß es einem Missethäter nicht mehr gelingt, die Früchte seines Verbrechens ungestört im Auslande zu genießen. In letzter Linie erst erscheint die Rücksicht auf die Höhe der Strafe, die unser heimisches Gesetz androht.

Die Erfahrung der Jahrhunderte lehrt, daß die Härte der Strafen bei Verbrechensthaten als Motiv der Unterlassung weitaus weniger wirksam ist, als die Wahrscheinlichkeit der Entdeckung und Ergreifung. Die Wahrscheinlichkeit der Auslieferung eines flüchtigen Verbrechens muß eben deswegen als werthvolle

Rechtsgarantie für die Sicherheit des Eigenthums anerkannt werden.

Wie verhält es sich nun mit der Wahrscheinlichkeit des gesicherten Entkommens für den Verbrecher der Jetztzeit? Weitaus die meisten unter den großen Schwindlern wenden sich mit Vorliebe nach Amerika. Man glaubt durch die Scheidewand des atlantischen Oceans besser gedeckt zu sein, als in Europäischen Städten, in dichtbevölkerten Hafenstädten sich leichter verstecken zu können, als anderswo; man hofft, Anknüpfungspunkte zu finden in den Schichten älterer Einwanderer, ein neues Leben zu beginnen, wo Niemand nach Führungsattesten oder Legitimationspapieren zu fragen pflegt.

Seitdem aber die Kabel nach der neuen Welt gelegt wurden, verringerte sich die Wahrscheinlichkeit des Entkommens um ein bedeutendes Stück. Der elektrische Funke überholt den Flüchtling. Nicht selten wird er von dem Griff eines Sicherheitsbeamten in demselben Augenblick festgehalten, in dem er das Ziel seiner Wünsche erreicht zu haben vermeint, oder den Fuß an die Küste des gelobten Landes setzen will.

Jede Vervollkommnung in der Befriedigung menschlicher Lebensbedürfnisse, jede technische Erfindung, die Anfangs nur materiellen Zwecken zu dienen schien, kommt in ihren Endergebnissen auch den idealen Zielen der Sittlichkeit und des Rechtes zu Statten.

Die Erfinder der elektrischen Telegraphie und der Photographie dachten sicherlich nicht daran, der Strafrechtspflege einen Dienst zu leisten. Und doch läßt sich nicht bezweifeln, daß der Telegraph und der photographische Apparat unter den Hülfsmitteln der Kriminalpolizei von hohem Werth sind, und das moderne Auslieferungswesen erheblich befördert haben.

Ist es nicht erstaunlich, wenn in dem ungeheueren Getriebe

unserer Weltstädte, aus dem Gewimmel von Millionen, nach Aufhebung der Reisepässe ein einzelner Mensch ausfindig gemacht wird, der Hunderte und Tausende von Meilen vom Orte seiner Missethaten entfernt, alles aufbot, um der Aufmerksamkeit seiner Mitmenschen zu entgehen? Ein amerikanischer Mordgeselle wird am Ufer des Nil ergriffen, ein Frankfurter Betrüger an dem Fuße der Cordilleren aufgefunden. In jeder neuen Zeitungsnummer, die den Bericht eines begangenen Verbrechens in die Ferne trägt, erneuert sich auch der Akt der Verfolgung gegen den Schuldigen, der in seltenen Fällen der Strafe, niemals der Schande entfliehen kann.

Aber nicht nur der Sicherheit des Eigenthums sollte die Auslieferungspraxis förderlich sein. Auch die staatsbürgerliche Freiheit sollte daraus Vortheil ziehen.

Wenn es für den Verbrecher schwer wird, zu entkommen, ein Asyl in weitester Ferne für ihn nicht mehr zu hoffen ist, wenn die Auslieferung eines Flüchtlings den höchsten Grad der Wahrscheinlichkeit erreicht haben wird, wenn ein System von Auslieferungsverträgen die gesammte, civilisirte Welt einspannt, hat es dann noch einen Sinn, wegen der bloßen Möglichkeit eines voraussichtlich meistentheils erfolglosen Fluchtversuches die bürgerliche Freiheit in mittelschweren Verbrechensfällen durch Voruntersuchungshaft zu beschränken?

Soweit die Untersuchungshaft in Betracht kommt, steht unsere heutige Praxis in der Hauptsache noch auf demselben Boden, auf dem sie sich vor hundert Jahren befand, als man in Mitteldeutschland nur einige tausend Schritt zu laufen brauchte, um sich in dem benachbarten Territorium eines kleinen Fürsten oder einer nahe gelegenen Reichsstadt zu verbergen.

Welchen Sinn hätte es, heute Angeschuldigte vor ihrer Verurtheilung zu verhaften, weil sie, wie vor hundert Jahren verdächtig sind, fliehen zu wollen, nachdem es sicher wurde, daß sie meistentheils mit Erfolg nicht fliehen können? Weil unter seltenen Umständen Einzelne entkommen, und weil manche es erreichen, daß sie eine Weile vor den Blicken der Kriminalpolizei sich verbergen können, darum sollen zehn andere verhaftet werden, die in Wirklichkeit weder fliehen wollen, noch auch fliehen könnten! An Stelle des alten Begriffes der Fluchtverdächtigkeit setze man den auf moderner Erfahrung ruhenden Begriff des wahrscheinlichen Fluchterfolges und der Fluchtfähigkeit. Man würde wahrscheinlich zu anderen Ergebnissen gelangen und den hergebrachten Verhaftungseifer etwas einschränken können.

Wenn in früheren Zeiten, die von dem Werth der persönlichen Freiheit eine höhere Meinung hatten als die Gegenwart, jener schöne Ausspruch gethan wurde: es sei besser, zehn Schuldige straflos zu lassen, als einen Unschuldigen zu verurtheilen, so kann man auch mit demselben Rechte behaupten, es sei besser, zehn Verdächtige die Flucht versuchen zu lassen, als einen einzelnen Staatsbürger wegen unbegründeten Fluchtverdachts in Untersuchungshaft zu nehmen. Man vergesse nicht, daß von fünf Angeklagten, die aus dem Untersuchungsarrest den Geschworenen vorgeführt werden, durchschnittlich einer freigesprochen zu werden pflegt.

Und Untersuchungshaft bedeutet nach den eintretenden Folgen in unserem Zeitalter etwas ganz anderes als vor hundert Jahren. Selbst die besten Köpfe haben heute in der mittleren Gesellschaftsklasse Tag für Tag um ihre wirthschaftliche Existenz zu ringen. Wer im regelmäßigen Gange seiner Geschäftsthätigkeit durch Unglücksfälle oder Krankheit unterbrochen wird, sieht seine Lebensstellung gefährdet, falls er nicht mit Glücksgütern gesegnet ist. Ueberall, wo sich im Geschäftsleben eine Lücke zeigt, harren ungeduldige Bewerber des günstigen Augenblicks, um sich einer erledigten Stelle zu bemächtigen. Eine Untersuchungshaft von Monaten oder Wochen wird für manchen Kaufmann und manchen Handwerker gleichbedeutend mit einer dauernden Lähmung seiner Erwerbskräfte.

Unser Staatswesen, das durch regelmäßige Wiederkehr der Verpflichtung zu militärischen Uebungen in den wirthschaftlichen Verkehr oft störend eingreifen muß, hat daher die besondere Obliegenheit, die äußerste Sparsamkeit, Zurückhaltung und Vorsicht in der Anordnung der Untersuchungshaft walten zu lassen. Die mögliche Wechselwirkung zwischen den Vervollkommnungen in der Entwicklung des Auslieferungswesens und der wünschenswerthen Steigerung der persönlichen Freiheitsrechte im Strafprozeß darf hier nicht unbeachtet bleiben.

Um diesen Zusammenhang zwischen möglicher Verbesserung des Auslieferungswesens und der Verminderung der Voruntersuchungshaft genauer feststellen zu können, wäre die Begründung einer zuverlässigen Auslieferungsstatistik zu erstreben. Wäre es nicht höchst werthvoll, genau festzustellen, in wie vielen Fällen der hinreichend verdächtige Delinquent die Flucht ergreift und wie oft es ihm gelingt, sich der Ergreifung im Auslande zu entziehen?

Besäße man über diese wichtigen Fragen zuverlässige Angaben, so wäre im Zusammenhang mit der Verbesserung der Auslieferungspraxis zu erwägen, ob durch gemeinsame Vereinbarung der modernen Kulturstaaten nicht eine internationale Kriminalpolizei in der Weise herzustellen wäre, daß an den erfahrungsgemäß wichtigsten Verkehrspunkten erfahrene, mit der Verbrecherwelt bekannt gewordene Sicherheitsbeamte beglaubigt und vom Auslande anerkannt würden. Die großen Konsulate, die ohnehin eine beschränkte Polizeigerichtsbarkeit ausüben, erscheinen als Stützpunkte einer derartigen Einrichtung. Diese öffentlich für internationale Rechtszwecke gehandhabte Sicherheitspolizei würde mehr Nutzen stiften, als geheime Polizeispione, die früher im Auslande zur Ueberwachung von Flüchtlingen unterhalten zu werden pflegten.

V.

Das Ergebniß der bis hierher geführten Untersuchung war: Die Auslieferung wird in Gemäßheit der bestehenden Verträge der Regel nach verweigert, wo es sich um die eigenen Unterthanen oder um die Bestrafung politischer Verbrecher handelt. Die Auslieferung wird gewährt, wo es sich um schwere gemeine Verbrechen handelt, die sowohl nach dem Rechte des die Auslieferung begehrenden Staates, als nach dem Rechte des um Auslieferung ersuchten Staates vor Gericht verfolgt werden können.

Diese Gegenüberstellung von Auslieferungsverbot und Auslieferungspflicht führt mit Nothwendigkeit zu der ebenso schwierigen als wichtigen Frage:

Ob es ein sicheres Kennzeichen gebe, wodurch in allen Fällen politische und gemeine Verbrechen von einander geschieden werden können?

Eben diese Frage war es, wodurch vor Jahr und Tag die gesammte Europäische Presse und die Diplomatie großer Staaten in Bewegung gesetzt wurde, als Rußland wegen des Moskauer Eisenbahnattentates die Auslieferung von Hartmann verlangte. Angenommen, daß der damals Angeschuldigte wirklich hinreichend verdächtig war, in der Absicht, den Russischen Czaren zu tödten, einen Eisenbahnzug durch Sprengstoffe beschädigt zu haben — war er als politischer oder als gemeiner Verbrecher anzusehen? Sind seine Nachfolger, die das Attentat im Winterpalais unternahmen und den Kaiser am 13. März d. J. getödtet haben, als gemeine oder als politische Verbrecher anzusehen? Ist der Mordversuch gegen Monarchen wie ein Mordversuch gegen einen Privatmann anzusehen?

Auch hier zeigt sich von vornherein ein Zwiespalt zwischen nationaler Strafgesetzgebung und völkerrechtliche Anschauung.

Die meisten Strafgesetzgebungen bestrafen den Mordversuch gegen das Staatsoberhaupt nicht wie einen Mordversuch gegen Privatpersonen mit schweren Freiheitsstrafen, sondern mit Rücksicht auf die politische Rechtsstellung des Monarchen, regelmäßig mit der Todesstrafe. Sie bestrafen überdies nicht nur den Versuch des Mordes, sondern auch Vorbereitungen und Verabredungen, die in Hinsicht einer zu tödtenden Privatperson straflos bleiben würden.

Trotz dieser Ungleichheit der Bestrafung wird aber die Forderung erhoben, daß das sogenannte Attentat gegen das Leben eines Monarchen in den Auslieferungsverträgen wie ein gemeiner Mordversuch behandelt werden soll.

Dasselbe Verbrechen, das Hartmann zur Last gelegt wurde, war bereits ein Vierteljahrhundert früher in Frankreich vorgekommen.

Im November 1854 hatte ein gewisser Jacquin eine Stelle der französischen Nordbahn unterminirt, um den kaiserlichen Eisenbahnzug in die Luft zu sprengen und Napoleon III. zu tödten[7]). Nachdem der Thäter entkommen war, verlangte man auf französischer Seite dessen Auslieferung von Belgien, wohin er sich geflüchtet hatte. Jacquin wurde, wie auch Hartmann, in Folge des Auslieferungsgesuchs verhaftet. Der Unterrichter verordnete jedoch seine Freilassung, weil es sich um ein politisches Delikt handle. Eine höhere Instanz erkannte das Auslieferungsgesuch als begründet an. Eine nochmalige Prüfung der Sachlage ergab nochmalige Bedenken gegen die Auslieferung an Frankreich. Das Endergebniß dieses Streitfalles war, daß Jacquin zwar nicht ausgeliefert wurde, der Fall dagegen den Anlaß bot zu einem besonderen belgischen Gesetzgebungsakt, in welchem anerkannt wurde, daß der Angriff auf das Leben der Monarchen als gemeines Verbrechen gelten solle.

Ob dieser Gesetzgebungsakt vom 22. März 1856 ein Werk vollkommen freier Ueberzeugung, oder einer von mächtigen Nachbarstaaten erpreßten Nachgiebigkeit war, läßt sich mit Bestimmtheit weder verneinen, noch auch behaupten. Jedenfalls bezeichnete Jacquin's Fall einen Wendepunkt in dem Abschlusse Europäischer Auslieferungsverträge, insofern als eine und dieselbe, auf Attentate bezügliche Clausel, vielfach Aufnahme fand. Sie findet sich in neun von Belgien abgeschlossenen Auslieferungsverträgen und fehlt in neun anderen.

Selbst die französische Republik, die sonst in so vielen Stücken die Ueberlieferung des Kaiserthums abgebrochen hat, übernahm die Erbschaft der Attentatsclausel. Sie findet sich in den neueren von Frankreich mit Belgien, Monaco und Dänemark abgeschlossenen Auslieferungsverträgen, wozu sicherlich der Pariser Aufstand vom Jahre 1871 sehr viel beitrug.

Andere Staaten haben sich gegen die Aufnahme der Attentatsclausel gesträubt, woraus aber keineswegs eine Beschützung von Fürstenmördern gefolgert werden darf. Denn es bleibt bei den in französischer Sprache abgefaßten Verträgen immer zu erwägen, daß dem Worte „Attentat" von Juristen vielfach eine über den Begriff des Mordversuchs hinausgehende Bedeutung beigemessen wird.

Man kann also nicht sagen, daß diese Streitfrage unbedingt aus der Welt geschafft worden wäre. In Paris ist man im Hartmann'schen Falle einer gerichtlichen Entscheidung aus dem Wege gegangen. Und selbst in England, dessen Bevölkerung von kontinentalen Staatsmännern wegen ihres Rechtssinnes so oft gerühmt wird, mißbilligte man die Auslieferung von Orsini's Mitverschworenen, obgleich Orsini nicht nur dem Leben des Kaisers Napoleon in besonders gefährlicher Weise nachgestellt, sondern auch eine Anzahl von unbetheiligten Privatpersonen in der Rue Lepelletier vor der Oper getödtet hatte, wie dies auch bei den beiden letzten Russischen Mordthaten vorkam, die 1880 im Winterpalais und am 13. März 1881 auf öffentlicher Straße verübt wurden.

Stellt man die Frage so, ob in Ermangelung eines Auslieferungsvertrages, jeder Tödtungsversuch gegen einen Monarchen der strafrechtlich genommen, als Hochverrath mit dem Tode zu ahnden ist, auch darum völkerrechtlich seine Qualität als politisches Delikt verliere, so wird sich zwischen der republikanischen und monarchischen Auffassung schwerlich eine ausreichende Vermittelung finden lassen; es sei denn etwa darin, daß der offene, bewaffnete Angriff auf einen Usurpator, der durch Gewalt, Verrath und Meineid eine republikanische zu Recht bestandene Verfassung über den Haufen gestürzt hat oder einen legitimen Monarchen durch hochverrätherische Handlungen vertrieb, weder vom monarchistischen noch vom republikanischen Standpunkt als gemeiner Mordversuch angesehen werden kann. Es giebt hier nur zwei Möglichkeiten. Entweder ist jeder Mordversuch ein gemeines Verbrechen, folglich auch der Fürstenmord, der alsdann gleich einem gemeinen Verbrechen bestraft werden müßte. Oder es giebt neben dem gemeinen Verbrechen auch noch einen politischen Mord. In diesem letzteren Falle würde der Fürstenmord zwar kein politisches Verbrechen sein müssen, wohl aber ausnahmsweise sein können.

Daß es neben dem gemeinen Mord auch noch einen politischen Mord giebt, war die allgemeine Ueberzeugung der besten Männer in Europa, als Charlotte Corday den Advokaten Marat erdolcht hatte. Unleugbar tritt aber in neuerer Zeit eine immer stärker anwachsende Mißbilligung jedes politischen Mordes hervor.

Wenn die Englische Presse die Ermordung des Kaisers Alexander und die Attentate gegen Louis Philipp weitaus allgemeiner und entschiedener gemißbilligt hat, als die Attentate gegen Napoleon III., so erklärt sich dies daraus, daß sich jener Unterschied zwischen einem zwar absoluten, aber doch legitimen Erbfürsten und einem scheinbar constitutionell regierenden, aber doch eidbrüchig gewordenen Usurpator nicht mehr so fühlbar machte, nachdem Napoleon aufgehört hatte, zu regieren.

In dieser Hinsicht läßt sich daher nicht bezweifeln, daß die republikanische Staatsverfassung in Frankreich der Sicherheit des monarchischen Erbrechts in der Europäischen Staatenwelt weit aus zuträglicher ist, als der Bestand einer usurpatorischen Dictatur oder Monarchie.

Dieselbe Streitfrage, die sich mit dem Attentat gegen das Leben eines Fürsten beschäftigt, kann auch in zahlreichen anderen Wendungen wiederkehren. Das Urtheil über die von den französischen Communisten 1871 verübten Missethaten lautet eben so verschieden, wie über die gegen Napoleon III. verübten Angriffe. Die Hauptsache, auf die es in dieser Streitsache ankommt, ist weniger eine Beschränkung, als eine richtige Bestimmung des Asylrechts, durch welches ein Flüchtling gegen strafrechtliche Verfolgung seines Heimathsstaates gesichert, nicht aber zu straflosen Angriffen auf fremde Staatsordnungen, wie aus einem Versteck befähigt werden soll.

Man darf nicht vergessen, daß die allgemein sittlichen im Völkerverkehr hervortretenden Anschauungen, niemals völlig mit der juristisch strafrechtlichen Auffassung zusammenfallen können. Strafrechtlich genommen, ist auch derjenige als Hochverräther und Mörder zu bestrafen, der während eines Bürgerkrieges gefangen genommen wird, nachdem er im offenen Gefechte vorsätzlich und mit Ueberlegung den kommandirenden Monarchen zu tödten versuchte. Der strafrechtlichen Anschauung gemäß, müssen bei eintretender Restauration legitimer Monarchen diejenigen als Königsmörder zur Rechenschaft gezogen werden, die nach dem Ausbruch revolutionärer Bewegungen für die Hinrichtung eines abgesetzten Erbfürsten gestimmt oder gewirkt haben. Diese strafrechtlichen Schlußfolgerungen, Angesichts welcher alle geschichtlichen Thatsachen des Volkslebens gegenüber den Grundsätzen des positiven Staatsrechts einfach unbeachtet bleiben sollen, werden aber im Völkerverkehr der neueren Zeit auf Billigung nicht rechnen können.

Wo in den Auslieferungsverträgen der Gegenwart von Fürstenmord oder von Attentaten die Rede ist, wird jedenfalls auch vorausgesetzt sein, daß es sich um einen Angriff auf Monarchen handelt, die zur Zeit der gegen sie unternommenen That als solche im Staatenverkehr anerkannt waren.

Ein Angriff auf Louis Napoleon, während der Ausführung seines Staatsstreichs und vor seiner Anerkennung verübt, hätte aus diesem Grunde nicht etwa hinterher als „hochverrätherisches Attentat" im Sinne des Strafgesetzes bezeichnet werden können. Ebenso wenig waren vom völkerrechtlichen Standpunkte aus diejenigen als Staatsverbrecher zu erachten, die wegen ihres erfolglosen Widerstandes gegen den Staatsstreich des Prinzpräsidenten aus Frankreich deportirt wurden.

Die Unterscheidung provisorischer und definitiv anerkannter Regierungen darf daher bei gewissen Auslieferungsgesuchen nicht völlig außer Acht gelassen werden.

Jedenfalls wäre es auch ein gefährlicher Irrthum, wenn man glaubte, die persönliche Sicherheit der Monarchen durch die Verallgemeinerung der sogenannten Attentatsklausel wesentlich fördern zu können. Die gleichmäßige Bestrafung des Mordversuchs ohne Unterschied der Rangstellung entspricht den völkerrechtlichen Interessen und es verdient ernstliche Erwägung, ob nicht vorbereitende Handlungen oder Verschwörungen gegen das Leben irgend eines Menschen oder öffentliche Aufreizungen zu Mordthaten schlechthin unter Strafe gestellt werden sollten, um dem vom republikanischen Standpunkt aus nicht als unberechtigt zu erachtenden Einwand zu begegnen, daß im Auslieferungsrechte die Feinde der Fürsten zwar nicht günstiger, aber auch nicht ungünstiger gestellt sein dürfen, als solche, die sich in verbrecherischer Weise gegen das Leben eines nicht monarchischen Staatsoberhauptes vergehen. Mit dieser für die Zukunft der Kulturvölker nicht unwichtigen Rechtsfrage, darf man den präventiv-polizeilichen Gesichtspunkt der thunlichsten Sicherung herrschender Personen deswegen nicht vermischen, weil die Mehrzahl politischer Mörder zur Klasse jener Fanatiker gehört, die unter entschiedenster Verzichtleistung auf jeden Fluchtversuch, vollkommen entschlossen sind, ihr Leben gegen das Gelingen ihrer Verbrechen einzusetzen. Die Aussicht, nach geschehener That, im Falle gelungener Flucht ausgeliefert zu werden, ist unter diesen Umständen als Gegengewicht gegen die Beweggründe des auf Mord sinnenden Hochverräthers nahezu bedeutungslos. Viel wichtiger ist die allmählig, aber tiefer eingreifende auf allgemeiner Billigung beruhende Ausbildung menschheitlicher Rechtsbegriffe, vermittelſt völkerrechtlich vereinbarter Strafſatzungen, aus denen jede Ausnahmejuſtiz zum Nachtheil der Angeklagten und jede Privilegirung menſchlichen Lebens im Voraus auszuſcheiden hätten.

Als Ergebniß einer auf den thatſächlichen Stand der Rechtsanſichten in verſchiedenen Ländern Europas gerichteten Prüfung, findet man im gegenwärtigen Zeitalter neben zahlreichen Zweifeln und Widerſprüchen, nur eine Reihe von negativen Sätzen, insbeſondere Folgendes:

Die Grenzlinie zwiſchen **politiſchen** und **gemeinen Verbrechen** läßt ſich weder durch wiſſenſchaftliche Definitionen, noch durch einen allgemein gültigen Geſetzesausdruck zum Zwecke der Vertragsſchließung feſtſtellen[8]).

Nicht jeder Angriff auf die allgemeine Ordnung des Staates oder die Perſon des Staatsoberhauptes iſt nothwendig als politiſches Vergehen anzuſehen. Nicht jeder Angriff auf das Leben oder das Eigenthum einer einzelnen Perſon iſt nothwendig ein gemeines Vergehen. Plünderungen und Brandſtiftungen, die im regelmäßigen Laufe der Dinge als gemeine Verbrechensthaten erſcheinen, können ausnahmsweiſe zu Zeiten eines Aufſtandes als politiſche Verbrechen von ausländiſchen Regierungen zu würdigen ſein.

Für die **internationale Würdigung** des politiſchen Verbrechens iſt vornehmlich von Bedeutung die Rückſichtnahme auf das Verhältniß eines Angeklagten zu dem allgemeinen Stande der öffentlichen Rechtsbeziehungen ſeiner Heimath, ſo daß zu fragen iſt: in wie weit das individuelle Unrechtsbewußtſein eines Uebelthäters durch Willkürakte einer Gewaltherrſchaft vermindert oder durch allgemein herrſchende Aufregung und Unruhe getrübt ſein konnte.

Für die **ethiſche Seite** des politiſchen Verbrechens entscheidet dagegen vornehmlich die Rücksicht darauf, ob eine bestimmte Person bei der Uebertretung eines bestehenden, von ihr selbst anerkannten Gesetzes für das allgemeine Wohl unter Aufopferung ihrer eigenen Lebensgüter eintreten wollte?

Gleichgültig dagegen ist, ob bei einer bestimmten Handlung die Beweggründe der Habsucht und des Eigennutzes, der Rachsucht und Zerstörungsgier mit den Motiven des politischen Hasses gepaart waren. Wer zu Zeiten einer Insurrektion, ohne der Sache des Aufstandes damit förderlich zu sein, das Besitzthum eines politischen Gegners zerstört, muß als gemeiner Brandstifter angesehen werden. Mit Recht hat das völkerrechtliche Institut in seine Oxforder Sitzung hervorgehoben, daß im Bürgerkriege nur solche Handlungen unter das Asylrecht der Flüchtigen fallen können, welche nach dem Kriegsgebrauch der civilisirten Staaten als zulässige gelten können.

Die soziale Revolution, welche vor allen andern Dingen eine materielle und wirthschaftliche Verbesserung in der Vertheilung der Lebensgüter für ihre Anhänger erstrebt, steht daher, wenigstens soweit die gehofften persönlichen Vortheile für den Gesetzesübertreter bestimmt sind, von der Erscheinungsform rein politischer Verbrechen entfernter als solche, die eine Aenderung der jeweiligen Herrschaftsform gewaltsam herbeizuführen unternehmen, womit freilich die Betheiligung idealer Bestrebungen an den Versuchen einer gesellschaftlichen Umwälzung nicht völlig ausgeschlossen erscheint.

Bei der Schwierigkeit einer sicheren Abgrenzung politischer und gemeiner Verbrechen und dem Vorhandensein einer Gruppe von Fällen, in denen politische Gesichtspunkte sich mit gemeinen Verbrechen vermischen, bleibt in der Auslieferungspraxis nichts anderes übrig, als die Prüfung jedes einzelnen, gerade vorliegenden Thatbestandes in das gewissenhafte Ermessen der um

Auslieferung ersuchten Regierung zu stellen. Sie hat zu erwägen, wie weit nationale Ehre ihr gebietet, das Asylrecht eines entwaffneten und geschlagenen Kämpfers gegen die Forderungen eines guten Nachbarn oder den Zorn eines mächtigen Herrschers zu vertheidigen. Sie muß aber auch überlegen, daß zu weit gehende Ausdehnung der politischen Flüchtlingen gebührenden Schonung auf unwürdige Verbrecherkategorien das Gefühl der moralischen Verantwortlichkeit lähmt und schwächeren Naturen einen Rechtfertigungs- oder Entschuldigungsgrund für ihre gemeinen Missethaten vorspiegelt.

Aus diesem Grunde wäre es schädlich und voreilig, in Auslieferungsverträgen diejenigen Fälle aufzählen zu wollen, in denen das Vorhandensein eines politischen Verbrechens angenommen oder ausgeschlossen sein soll. Alles hängt vielmehr an der Prüfung des einzelnen Vorganges, um den es sich handelt.

So kann Niemand nach den bis jetzt bekannt gewordenen Thatsachen bezweifeln, daß in der Pariser Commune vom Jahre 1871 sehr verschiedenartige Elemente neben einander betheiligt waren: Einige Fanatiker eines politischen Trugbildes, die einen besseren und höheren Zustand der Dinge herbeizuführen glaubten, indem sie ihr Leben an die Erreichung des ihnen vorschwebenden Zieles setzten und zahlreiche gemeine Kreaturen, die bei ihren Zerstörungswerken den Antrieben blinder Rachsucht, des rohen Eigennutzes und persönlichen Hasses gehorchten.

VI.

Es kann geschehen, daß eine Regierung einen Rechtsflüchtigen wegen eines gemeinen Verbrechens anschuldigte, um ihn nach geschehener Auslieferung wegen eines in früherer Zeit begangenen politischen Vergehens zur Rechenschaft zu ziehen. Ebenso ist es möglich, daß jemand politische und gemeine Verbrechen neben einander beging.

Um das Princip der **Nichtauslieferung** politischer Delinquenten mit der Auslieferungspflicht wegen gemeiner Verbrechen in Einklang zu setzen, bleiben hier zweierlei Auswege:

Erstens: die Auferlegung einer Bedingung an ausländische Regierungen, wodurch sich diese vor der Bewilligung der Auslieferung verpflichten, niemand, der wegen gemeiner Verbrechen ausgeliefert würde, hinterher dennoch wegen politischer Verbrechen vor Gericht zu ziehen noch auch wegen irgend eines anderen Vergehens zu verfolgen, als wegen dessen die Auslieferung erfolgte.

Und zweitens die Einräumung förmlichen richterlichen Gehörs an den Rechtsflüchtigen, um diesem Gelegenheit zu geben, nachzuweisen, daß die ihm zur Last gelegte That eine rechtlich straflose zur Zeit ihrer Begehung war, oder hinterher durch Ablauf der Verjährungsfrist geworden ist, oder als eine **politische** Verbrechensthat nach den obwaltenden Umständen angesehen werden müsse.

England, Nordamerika und **Belgien** haben an dem Grundsatz festgehalten, die Auslieferung von Verbrechern nicht lediglich als eine diplomatische Angelegenheit zu behandeln, bei der die Interessen der betheiligten Staatsregierungen formlos zu prüfen sind, sondern gleichzeitig auch wegen des drohenden Eingriffs in die persönliche Freiheit des Verfolgten der richterlichen Prüfung zu unterbreiten, während die Praxis der continentalen Großstaaten ein lediglich administratives, theils diplomatisches, theils kriminalpolizeiliches Auslieferungsverfahren angemessener fand.

Die Frage, ob im Zusammenhange mit einem Auslieferungsgesuche ein politisches Verbrechen vorliege oder nicht, wird also in Belgien unter Mitwirkung des Richters geprüft, in Deutschland dagegen lediglich durch die höchsten Regierungsbehörden entschieden.

Wie das Auslieferungsverfahren am zweckmäßigsten zu gestalten ist, läßt sich nur auf Grund sorgfältiger Vergleichungen zwischen den in verschiedenen Ländern gemachten Erfahrungen ermitteln. Zwei Uebertreibungen sind hier möglich. Entweder das ungebührliche Uebergewicht rein polizeilicher Strafverfolgungsinteressen, denen an schleuniger und thunlichst formloser Ergreifung eines Verdächtigen gelegen ist, der sich möglicherweise nur deswegen auf die Flucht begab, um einer langen Voruntersuchungshaft zu entgehen, bei Ertheilung sicheren Geleites aber vor dem Gerichte seines Heimathsstaates freiwillig erscheinen würde. Oder die übertriebene Rücksichtnahme auf die persönliche Freiheit eines Angeklagten, gegen den zwar hinreichende Verdachtsgründe, aber doch keine zur Verurtheilung ausreichende Beweismittel der ausländischen Regierung vorgelegt werden können.

Zwischen diesen Möglichkeiten, durch die Förmlichkeiten des Auslieferungsverfahrens entweder die persönliche Freiheit eines Flüchtlings oder die allgemeinen Interessen der Strafrechtspflege zu beschädigen, schwankt die Wagschale der Entscheidung, je nach den herrschenden Grundanschauungen über die Aufgabe des Strafprozesses und vornehmlich der Voruntersuchung, die in England eine öffentliche und mündliche, in den continentalen Staaten eine schriftliche und geheime Form voraussetzt.

Zwischen Frankreich und England insbesondere haben sehr eingehende und wichtige Verhandlungen über das anzunehmende Auslieferungsverfahren stattgefunden. Der Standpunkt des Diplomaten, der ein formloses Verfahren überall vorzieht, ist begreiflicherweise verschieden von der Denkweise derjenigen, die die Bedeutung rechtlich vorgeschriebener Formen, als eines Sicherungsmittels gegen willkürliche oder doch übereilte Verfolgungsakte schätzen gelernt haben. Man kann darüber zweifelhaft sein, wie weit die Mitwirkung des Richters bei der Prüfung eines von auswärtigen Regierungen gestellten Auslieferungsgesuches wünschenswerth sei; daß sie völlig ausgeschlossen werde, läßt sich schwerlich rechtfertigen, wenn man bedenkt, daß zuweilen wichtige, in die persönliche Freiheit eingreifende Rechtsfragen zu entscheiden sind, daß auch der Fremde Anspruch auf Rechtsschutz hat und selbst mächtigen Regierungen, daran gelegen sein kann, gegen den Schein des Uebelwollens bei Verweigerung einer Auslieferung durch Entscheidungen unabhängiger Gerichte dem Auslande gegenüber gedeckt zu sein. Ein vollkommen ausgebildetes Auslieferungsverfahren würde daher in drei Stadien zerfallen können:

Erstens, das criminalpolizeiliche Einleitungsstadium in welchem, unter Vorbehalt nachfolgender Rechtfertigungsstücke, meistentheils unter Benutzung des Telegraphen, die vorläufige Festnahme einer thatsächlich auf der Flucht befindlichen Person von den Behörden des Auslandes verlangt wird.

Zweitens: Das diplomatische Stadium, in welchem das Ministerium der auswärtigen Angelegenheiten in dem ersuchten Staat prüft, ob das Auslieferungsgesuch in Gemäßheit bestehender Verträge gestellt wurde, oder überhaupt zulässig ist.

Drittens: Das gerichtliche Stadium, worin über die präjudiziellen Einreden des Angeschuldigten oder die ausreichende Begründung der Verdachtsmomente zu befinden wäre.

VII.

Ein Rückblick auf den bisherigen Gang des Auslieferungswesens läßt erkennen, daß in ihm ein nicht unbedeutender Theil menschlicher Kulturgeschichte enthalten ist.

Welch' ein Abstand zwischen den Anschauungen der antiken Welt, in der der Staat seine Staatsverbrecher entweder in die Verbannung trieb oder ungehindert fliehen ließ — und der Denkweise der modernen Welt, welche verlangt, daß gemeine Missethäter mit dem Aufwande aller Kräfte und Mittel aus fernen Welttheilen zurückgeholt werden, um ihre Schuld zu büßen!

Noch vor hundert und fünfzig Jahren war Landesverweisung eine in Deutschland häufige Freiheitsstrafe. Man verjagte Diebe und Gauner, um sich daheim nicht weiter um sie bekümmern zu müssen. Um die Rücksichtslosigkeit, die fremde Nachbarstaaten oder die eigenen Colonien mit gemeinen Verbrechern überschwemmte, den Engländern begreiflich zu machen, sagte ihnen Franklin:

„Ihr sendet uns regelmäßig Eure Verbrecher nach Nordamerika; was würdet Ihr sagen, wenn wir Eure Handlungweise gegen uns dadurch erwiderten, daß wir auf Eurem Gebiete eingefangene Klapperschlangen laufen ließen?"

Der moderne Staat trägt nicht nur dem Inlande, sondern auch dem Auslande gegenüber die Verantwortlichkeit, daß Verbrecher zur Strafe gezogen werden. Dem Rechtszweck werden Jahr aus, Jahr ein bedeutende Mittel gewidmet. Geldopfer werden gebracht, um der strafenden Gerechtigkeit zu ihrem Ziele zu verhelfen.

Ist es etwas Geringes, wenn der Staat heute für die Auslieferung eines Verbrechers aus Nordamerika im Durchschnitt 10 bis 15 Tausend Francs aufzuwenden hat und wenn ein kleiner Staat, wie Belgien für die Auslieferung eines Mörders Hunderttausend Francs, die französische Regierung für die Wiedererlangung eines Betrügers sogar zweimalhundert Tausend Francs verausgabte?

Solche Vorkommnisse zeigen doch, daß die Praxis des Strafrechts im Begriff steht, sich zu einer sittlichen Macht in der Gesammtheit der Kulturstaaten emporzuarbeiten.

Das Wachsthum der internationalen Rechtsinteressen zeigt sich in der Steigerung der von Belgien seit fünf und zwanzig Jahren bewilligten Auslieferungen. Während man 1855 deren 39 Fälle zählte, betrugen dieselben fünfzehn Jahre später bereits 121 und erreichten 1873 bereits 312 Fälle.⁹)

Irrig wäre es zu glauben, daß mit der Vervollkommnung der Auslieferung sämmtliche Aufgaben der internationalen Rechtspflege erfüllt sind. Neben der Auslieferung der Angeschuldigten würde die Auswechselung oder der Austausch ausländischer Strafgefangenen erhebliche Vortheile darbieten. Der Prozentsatz ausländischer Verbrecher ist in manchen Strafanstalten kein unbedeutender. Welchen Nutzen gewährt es, einen Fremden Jahre lang in einer Anstalt zu beherbergen, wo er wegen Unkenntniß der Landessprache kaum zu unterrichten oder zu bilden ist, wo Sitten, Religion und Lebensgewohnheiten andre sind, als in seiner Heimath und wo erhebliche Geldmittel aufgewendet werden, um ihn nach erstandener Strafzeit wiederum über die Landesgränze zu jagen? Wäre es da nicht besser, Strafgefangene verwandter Kategorien auszuwechseln oder gar unter Erstattung der durchschnittlichen Kosten des Strafvollzugs seiner heimathlichen Behörde zu geeigneter Behandlung zu überweisen? Es ist mir wünschenswerth erschienen, die Aufmerksamkeit der auf dem nächsten internationalen Gefängnißcongreß von 1883 zu versammelnden Fachmänner auf diese Frage hinzulenken.

Die Gemeinschaft des Rechtes unter den Nationen des Erdballs hat einen doppelten Ausgangspunkt: An dem materiellen Interesse des wirthschaftlichen Verkehrs, aus denen die großartige Schöpfung des Weltpostvereins und der internationalen Telegraphie hervorging, und an der ethischen Empfindung des Unrechts, durch die wir gleichfalls zu positiven Schöpfungen des Rechtslebens hingedrängt werden.

Indem der Rechtsbruch, der in den schwersten gemeinen Verbrechen vorliegt, allgemein und menschheitlich als nicht zu duldende Missethat empfunden wird, erhebt sich das Gemeinbewußtsein der Völker langsam zu dem Gedanken sittlicher und rechtlicher Lebenseinheit.

Während für Wissenschaft, Gesetzgebung und Rechtspflege der Begriff des Rechtes das Erste ist, an welchem das Gesetzwidrige und Rechtlose gemessen wird, ist umgekehrt im Leben der Menschheit, die Erkenntniß und Empfindung des Unrechts die erste Grundmacht, die zum Schöpfungsakte des Gesetzes und zur Herstellung der Ordnung hindrängt.

Die bisher im Auslieferungswesen erreichten Ergebnisse sind weit genug vom Zustande der Vollendung entfernt, aber sie berechtigen zu der Hoffnung, daß trotz aller Störungen und Unterbrechungen auch auf anderen Gebieten das Gemeinschaftsprinzip in den internationalen Rechtsbeziehungen wachsen nnd fortschreiten werde.

Der Schiffer, welcher seinem Compaß folgend die ungemessenen Fernen des Oceans durchschneidet, weiß mit Bestimmtheit, daß hinter dem begrenzten Horizonte, den sein Auge schaut, das unsichtbare Ziel gelegen ist, das er trotz aller Klippen, Strömungen und Stürme erreichen kann.

Ebenso weist der Compaß geschichtlicher Erfahrung uns auf die Endziele höherer Rechtsgemeinschaft in dem sittlichen

Leben der Menschheit, obgleich unser Horizont in der Gegenwart uns keinen weiten Ausblick gestattet und durch Bewölkungen aller Art verdunkelt wird.

Dies ferne Lebensziel der Menschheit, nach dem unser Gewissen strebt, und auf welches auch das Auslieferungsrecht hindeutet, erkannte bereits ein großer Feldherr und König des Alterthums, als er sagte:

„Die guten Menschen sind in allen Ländern der Erde Brüder, nur der Verbrecher ist überall ein Frembling!" —

Anmerkungen.

1) Die Grundsätze, welche das völkerrechtliche Institut (Institut de droit international) in seiner Jahresversammlung (1880 im September) zu Oxford bezüglich der Regelung des Auslieferungswesens angenommen hat, sind folgende:

1.

Die Auslieferung ist ein internationaler Rechtsakt, der der Gerechtigkeit und dem Staatsinteresse entspricht. Sein Zweck ist wirksame Verhinderung oder Bestrafung der Verbrecher.

2.

Sicher und regelmäßig kann die Auslieferung nur dann gehandhabt werden, wenn Staatsverträge bestehen. Es ist wünschenswerth, daß deren Zahl sich immer mehr und mehr steigere.

3.

Dennoch sind es keineswegs Vertragsabschlüsse allein, wodurch die Rechtmäßigkeit der Auslieferungen begründet wird. Die Auslieferung darf auch in Ermangelung jeder vertragsmäßigen Verpflichtung bewerkstelligt werden.

4.

Es ist wünschenswerth, daß in jedem Lande das Auslieferungsverfahren durch Gesetz geordnet werde. Das gleiche gilt von den Bedingungen, unter denen die als Missethäter in Anspruch genommenen Personen solchen Regierungen ausgeliefert werden sollen, mit denen ein Staatsvertrag nicht abgeschlossen wurde.

8.

Die Bedingung der Gegenseitigkeit (réciprocité) kann dabei durch politische Interessen empfehlenswerth werden, bildet aber keine Forderung der Gerechtigkeit.

9.

Unter Staaten, deren Strafgesetzgebungen auf übereinstimmenden Grundlagen beruhen, und die ein wechselseitiges Vertrauen in ihre Gerichtseinrichtungen setzen dürfen, wäre die Auslieferung der eigenen Staats-angehörigen ein Mittel, um eine gute Justizverwaltung zu sichern, zumal man es als wünschenswerth betrachten muß, daß soweit als möglich, die Gerichtsbarkeit im forum delicti commissi, zur Aburtheilung berufen werden sollten.

10.

Wo man bei der gegenwärtigen Praxis der Nichtauslieferung der eigenen Unterthanen stehen bleibt, sollte man wenigstens diejenigen Staatsbürgerrechte nicht berücksichtigen, die erst nach Begehung derjenigen Missethat erworben wurden, wegen welcher die Auslieferung verlangt wurde.

8.

Die Berechtigung des um Auslieferung ersuchenden Staates muß nach dessen eigner Gesetzgebung bemessen werden. Dieselbe darf aber nicht in Widerspruch stehen mit der Gesetzgebung des ersuchten Zufluchtsstaates.

9.

Liegen mehrere Auslieferungsgesuche wegen eines und desselben Verbrechens vor, so gebührt der Vorrang demjenigen Staate, in dessen Gebiet die Missethat verübt wurde.

10.

Wenn dasselbe Individuum durch mehrere Staaten wegen verschiedener Verbrechen in Anspruch genommen wird, so hat der um Auslieferung ersuchte Staat seine Entscheidung unter Berücksichtigung der größeren oder geringeren Schwere jener Verbrechen zu treffen. Ergeben sich bezüglich der Schwere Zweifel, so ist der zeitlich früher gestellte Auslieferungsantrag bevorrechtet.

11.

Als Regel ist zu fordern, daß die der Auslieferung zu unterwerfenden Straffälle nach der Gesetzgebung der beiden in Betracht kommenden Länder für strafbar erklärt sind; ausgenommen davon sind solche Fälle, wo wegen besonderer Staatseinrichtungen, oder wegen der geographischen Lage eines Landes der in Betracht kommende Thatbestand nicht entstehen könnte*).

12.

Da die Auslieferung immer eine tief einschneidende Maßregel ist, setzt sie regelmäßig Vergehen von einer gewissen Erheblichkeit voraus, die in den Auslieferungsverträgen genau aufgezählt werden müssen. Die darauf bezüglichen Bestimmungen werden natürlich von der besondern Lage der in Betracht kommenden vertragsschließenden Staaten beeinflußt.

13.

Wegen politischer Verbrechen findet keine Auslieferung statt.

---

*) Dies würde beispielsweise vom Seeraube gelten, der in einem Binnenlande, wie die Schweiz, Serbien u. s. w. nicht begangen werden könnte.

14.

Der um Auslieferung ersuchte Staat prüft selbständig nach den vorliegenden Umständen, ob der dem Auslieferungsgesuch zu Grunde liegende Thatbestand einen politischen Charakter an sich trägt oder nicht. Bei dieser Prüfung hat er sich von folgenden Gesichtspunkten leiten zu lassen:

a. Die Thatbestände, in denen die Merkzeichen eines gemeinen Verbrechens gegeben sind (Mord, Brandstiftung, Diebstahl), dürfen der Auslieferung nicht deswegen entzogen werden, weil deren Urheber politische Zwecke im Auge hatten.

b. Bei der Erwägung derjenigen Thatsachen, die im Laufe einer Insurektion oder eines schweren Bürgerkrieges begangen wurden, muß man als Richtschnur die Frage nehmen, ob dieselben durch den Kriegsgebrauch entschuldigt werden konnten.

15.

Jedenfalls darf die Auslieferung wegen einer That, die gleichzeitig als gemeines und als politisches Verbrechen anzusehen ist, nur dann gewährt werden, wenn der ersuchte Staat die Zusicherung erhält, daß der Ausgelieferte nicht durch ein Ausnahmegericht abgeurtheilt werden wird.

16.

Die Auslieferung bezieht sich nicht auf Desertion der zur Landarmee oder Kriegsflotte gehörige Soldaten oder auf rein militärische Vergehen. Diese Regel steht aber der Auslieferung von Matrosen der Staats- oder Handelsmarine nicht im Wege.

17.

Auslieferungsgesuche oder Auslieferungsanträge dürfen auf solche Handlungen angewendet werden, die begangen wurden, ehe dieselben in Kraft traten.

18.

Die Auslieferung findet auf diplomatischem Wege statt.

19.

Wünschenswerth ist, daß in dem Zufluchtsstaate die Gerichtsbehörde berufen werde, nach stattgehabtem contradictorischen Verfahren über das Auslieferungsgesuch zu entscheiden.

20.

Der um Auslieferung ersuchte Staat darf die Auslieferung nicht gewähren, wenn in Gemäßheit seines Staatsrechts der Richter entschieden hat, daß dem Auslieferungsgesuche nicht stattgegeben werden darf.

21.

Die Prüfung des Auslieferungsgesuchs hat sich auf die allgemeinen Bedingungen der Auslieferung und die thatsächliche Begründung der Anklage zu erstrecken.

22.

Die Regierung, welche wegen einer bestimmten Missethat die Auslieferung gewährt erhielt, ist in Ermangelung entgegenstehender Verbindungen von Rechtswegen verpflichtet, den Ausgelieferten nur wegen dieser That ausschließlich aburtheilen zu lassen.

23.

Die Regierung, welche eine Auslieferung zugestand, kann nachträglich darin willigen, daß der Ausgelieferte auch noch wegen andrer Verbrechen, als wegen welcher er ausgeliefert wurde, abgeurtheilt werde, wofern diese anderen Verbrechen eine Auslieferung begründen konnten.

24.

Die Regierung, die in Folge einer stattgehabten Auslieferung ein Individuum in ihre Gewalt brachte, kann dasselbe, ohne Genehmigung des ausliefernden Staates, nicht einer anderen Regierung überweisen.

25.

Die vom Richter ausgegangene Beurkundung, wodurch die Auslieferung für zulässig erklärt wird, muß die Umstände feststellen, unter denen die Auslieferung vor sich gehen soll, ingleichen die Thatsache, wegen welcher die Auslieferung gewährt wird.

26.

Dem Ausgelieferten sollte es nicht versagt sein, die Regelwidrigkeit derjenigen Umstände, unter denen seine Auslieferung als erfolgte, als prozeßhindernde Einrede vor dem in der Sache selbst endgültig erkennenden Gerichtshofe vorzubringen.

---

2) Als eigentlicher Anfangspunkt der continentalen Praxis der Nichtauslieferung, sehen mehrere Schriftsteller die Juli-Revolution an. So Rénault, des crimes politiques en matière d'extradition, Paris, 1880. Seite 6. Derselbe Schriftsteller erwähnt, daß ein zwischen Frankreich und der Schweiz 1828 vereinbarter Auslieferungsvertrag die Staatsverbrechen noch in sich begriff zum Erweise seiner Behauptung.

3) Nähere Ausführungen darüber sind in meiner Schrift: „Das Verbrechen des Mordes und die Todesstrafe, Berlin 1875. Insbesondere S. 234 ff."

4) Siehe über Anderson's Fall: Wheaton, Elements of international Law (ed. Dana) 186 n.

5) Siehe darüber die Aufzählung bei Pascale, Les estradizione dei delinquenti, Napoli 1880.

6) M. Gobbyn, u. Ed. Mahiels, le droit criminel Belge au point de vue international, Bruxelles 1880.

7) Ueber die juristischen Unterscheidungen, in Gemäßheit welcher Hartmann deswegen als der schwere Verbrecher anzusehen ist, weil die von ihm

gelegte Mine wirklich zur Explosion gebracht wurde, während Jacquin's Mine vorher aufgefunden wurde, siehe Rénault in seiner bereits erwähnten Schrift, S. 20.

8) Vgl. darüber außer Bulmerincq's Artikel in dem von mir herausgegebenen „Rechtslexikon" unter „Auslieferung" und „Asylrecht," sowie die neueste Arbeit von A. Teichmann (Basel), les délits politiques, le régicide et l'extradition in der von Rivier herausgegebenen Revue de droit international 1879. S. 475 ff. und v. Martens (St. Petersburg) lettre au secrétaire-général de l'Institut de droit international sur l'extradition pour délits politiques, ebendas. S. 520 und Hornung (Genf), Note sur l'extradition pour cause de régicide, ebendas. S. 518.

9) Nach den Angaben von Gobbyn und Mahiels.